埃隆·马斯克
放眼未来，无所畏惧

（Chris McNab）
[英] 克里斯·麦克纳布 著
魏翠翠 译

Elon Musk
Innovator, Entrepreneur and Visionary

中国科学技术出版社
·北京·

Elon Musk: Innovator, Entrepreneur and Visionary by Chris McNab, ISBN:9781789501810
Copyright: © 2022 by Arcturus Holdings Limited
Simplified Chinese translation copyright © 2024 by China Science and Technology Press Co., Ltd.
All rights reserved.
北京市版权局著作权合同登记　图字：01-2023-3216。

图书在版编目（CIP）数据

埃隆·马斯克：放眼未来，无所畏惧/（英）克里斯·麦克纳布（Chris McNab）著；魏翠翠译．— 北京：中国科学技术出版社，2024.1

书名原文：Elon Musk: Innovator, Entrepreneur and Visionary

ISBN 978-7-5236-0311-6

Ⅰ. ①埃… Ⅱ. ①克… ②魏… Ⅲ. ①埃隆·马斯克—传记 Ⅳ. ① K837.115.38

中国国家版本馆 CIP 数据核字（2023）第 220847 号

策划编辑	何英娇	责任编辑	何英娇
封面设计	马筱琨	版式设计	蚂蚁设计
责任校对	张晓莉	责任印制	李晓霖

出　　版	中国科学技术出版社
发　　行	中国科学技术出版社有限公司发行部
地　　址	北京市海淀区中关村南大街 16 号
邮　　编	100081
发行电话	010-62173865
传　　真	010-62173081
网　　址	http://www.cspbooks.com.cn

开　　本	880mm×1230mm　1/32
字　　数	137 千字
印　　张	7.5
版　　次	2024 年 1 月第 1 版
印　　次	2024 年 1 月第 1 次印刷
印　　刷	河北鹏润印刷有限公司
书　　号	ISBN 978-7-5236-0311-6/K·370
定　　价	59.00 元

（凡购买本社图书，如有缺页、倒页、脱页者，本社发行部负责调换）

前言

2021年,《时代周刊》(Time)将埃隆·马斯克(Elon Musk)评为"年度人物"(Person of the Year)。该杂志的编辑和领导层并非人云亦云,他们知道这个结果会引发媒体和公众的热议,认可和批判兼而有之。但他们撰文证明了自己的选择。文章承认,对某些人而言,马斯克的个性确实令人难以忍受。但与之相对的是,他也取得了很多举世瞩目的成就,其中很多成就正在重塑人类在地球和太空的科技未来。"马斯克非常符合超级大反派的形象,态度傲慢,经常跟一些'科技新贵'和'太空花花公子'厮混。对他们而言,金钱只是银行账户里的数字,火箭才是他们的大号玩具。但实际上马斯克不一样:他是'加工金属'而非字节的制造业巨头。"为了证明这一点,《时代周刊》列举了他在创业和工程领域的一些惊人的事迹。他的创新重塑了现代人类对网上银行和金融交易、太空探索、多行星人类社会的可能性、清洁能源、电动汽车、太阳能、能源储存、交通管理、隧道挖掘、人工智能、交通等领域的认知。与此同时,他的面孔和形象也跟流行文化中的一线明星一样，逐渐被大众熟知。他生命中的每一个举动，无论是与自己生活相关的，还是与事业相关的，都会被媒体剖析、讨论和解读，不仅收获了很多正面、中肯的分析和评价，还收到了社交媒体上的批评狂潮，其中不乏一些严厉的批判。在本书撰写期间，马斯克依然是世界首富。就像《时代周刊》对其的评论："如今，这位患有阿斯伯格综合征（Asperger's Syndrome）的羞涩南非人，摆脱了童年阴影，战胜了悲剧人生，让一些政府机构和业界为其雄心壮志所折服。"

　　撰写埃隆·马斯克传记所面临的最大挑战不是区分事实与虚构，而是要将事实与观点分开。马斯克是两极化观点的避雷针，当许多观点涉及他私生活信息时，不仅对得出正确结论没有助益，还会阻碍我们对他的了解。在世界媒体眼中，马斯克备受吹捧，经常处于风口浪尖，这是另一个不争的事实。马斯克的人生充满了活力，勇往直前［撰写本书时，马斯克收购推特（Twitter）的消息正占据着各大新闻的头版头条］，因此，为一个仍在怒放的生命撰写传记并非易事。然而，另一个问题是当你单纯地基于某个人的外在成就，就本能地认可这个人时，实际上是脱离了这个人真正的世界观，以及他实现目标的方式。

　　衡量埃隆·马斯克公众评价的可靠指标之一便是维基百科关于他的页面介绍，这个页面上列明了他生命中的重要经历。维基百科前3段介绍了马斯克成为"商业巨头和投资者"的过程，展示了与其有密切关联的公司和风投企业［Zip2、X.com、PayPal、SpaceX、特斯拉（Tesla）、钻洞公司（The Boring Company）、神经链接公司（Neuralink）、OpenAI和推特等］。还用了整整一段专门介绍了围绕其身上存在的各种争议，从美国证券交易委员会（SEC）的调查到其有关新冠病毒的错误言论均涵盖在内。维基百科还引用了一个无可争议的事实——马斯克积累了有史以来几乎没有企业家可以实现的财富："截至2022年11月11日，马斯克的净资产估值约为1740亿美元"，彭博全球亿万富豪实时排行榜（Bloomberg Billionaires Index）和福布斯实时亿万富豪榜（Forbes's Realtime Billionaires List）上的数据显示，马斯克是世界上最富有的人。

然而，如果我们仅关注马斯克生命中的各种大事件，对他的了解也就到此为止了。但随着分析的深入和故事的展开，我们会发现马斯克是一个非常复杂的人，拥有十分独特的思考能力，能将其想法和结论用于解决各种棘手的现实问题。埃隆·马斯克虽与大多数人不同，但也没有离群索居，独自生活在一个完全不同的世界里。我想说的是，马斯克拥有公认的敏锐思维、令人赞叹的敬业精神和出色的行动力，敢于突破思想和行动间的障碍。仅在这一方面，马斯克就有很多值得我们学习的地方。

ELON MUSK 目录

001 第一章
从南非到美国

父母的影响　003

学习经历　008

加拿大　017

跨越边境　021

029 第二章
从 Zip2 到 PayPal

Zip2　032

跌宕起伏　037

X.com　042

全新视野　052

059 第三章
SpaceX

为什么选择太空领域呢　063

太空探索的起步阶段　068

艰难时期　077

SpaceX 的胜利　084

"重型猎鹰"运载火箭和营销魔法　091

星链和 SpaceX 的商业崛起　093

访月星舰和火星星舰　097

109 第四章
特斯拉和推特宇宙

马斯克及其电动汽车的使命　114

创始人　117

业内　120

从投资者到首席执行官　122

杀出重围　130

举世无双的佳作　136

营销者马斯克　138

马斯克、推特宇宙和政治　145

电动汽车的未来　157

161 第五章
全景

太阳城公司和特斯拉能源公司　164

挖掘地下空间　173

数字视野　180

接受教育　186

195 第六章
马斯克的思维模式

深思熟虑　198

综合体　202

第一性原理　210

认知偏差　213

崇尚行动　217

223 尾声

ELON MUSK

第一章
从南非到美国

追本溯源，我们会发现幼年的埃隆·马斯克，他的双亲及其前几代人都不是循规蹈矩的人。马斯克充满革新的积极生活理念，或许就源于此。虽然马斯克的童年过得颇为艰辛，但这些经历也为他后来的发展打下了基础。青少年时期的马斯克便与众不同，他总是精力满满，喜欢打破常规，挑战未知。显然，马斯克更喜欢成年后的独立生活，这时的他可以无所畏惧地探索世界，不再需要旁人的许可或指导。再辅以过人的才智，便形成了其强势独特的性格。

父母的影响

虽然埃隆·马斯克已经成为美国梦的经典代表人物，但实际上，他1971年6月28日出生于南非的比勒陀利亚（Pretoria）。那时的南非土地广袤，商贸发达，与周围国家的极度落后和贫困形成了鲜明对比。但在南非，白人和黑人之间严格实施的种族隔离政策让这个国家在国际社会饱受诟病，国内也因此纷扰不休。这片土地及其孕育的环境和文化推崇坚韧的性格，马斯克的父母也不例外。

马斯克的母亲梅耶·马斯克（Maye Musk）是一位非常出众的传奇人物。"出众"不仅限于外表，也包括其强大的内心。十几岁时，她开启了自己的职业模特生涯，并一直工作至今，经久不衰的美貌使她的照片成为各大知名杂志的常客，比如，69岁的她成为"封面女郎"（COVERGIRL）品牌的模特。此外，她还是一位成功的营养师和商人。

跟儿子一样，梅耶的生活也是一本厚重的传记[1]，她在童年时期形成的格局对其产生了深远的影响。1948年4月19日，梅耶出生于加拿大的萨斯喀彻温省（Saskatchewan）的里贾纳（Regina），仅在两年后，便跟随家人移民到了南非。她的父母也非常出色，就像冒险小说里的主人翁。梅耶的父亲约书亚·诺曼·霍尔德曼（Joshua Norman Haldeman）博士是一位成功的脊椎按摩师，在当地非常有名。但相较于冒险生涯，事业对他而言只能屈居次位。在其充满冒险的生活里，身为舞蹈教练的妻子温尼弗雷德·韦恩·约瑟芬·弗莱彻

---

[1] 2019年，梅耶出版了一本名为《人生由我》（*A Woman Makes a Plan: Advice for a Lifetime of Adventure, Beauty, and Success*）的回忆录。

（Winnifred 'Wyn' Josephine Fletcher）总是陪伴左右。在加拿大旷野中长大的约书亚，性格坚毅勇敢，极具冒险精神。他空闲时会以竞技马术、拳击、摔跤、拉丁舞和飞行来消遣时光，还考取了私人飞行执照，并买了一架轻型飞机。1950年，不想再忍受加拿大各种政治和道德约束的约书亚，冲动之下决定移民南非，去体验这片遥远广袤土地上的多姿多彩的生活和无限可能。他的家人（梅耶便是5个孩子之一）并未阻止这一决定；他期望自己的孩子能够完全独立，并给予他们充分的自由，培养他们自立的性格。

2012年，埃隆·马斯克和梅耶·马斯克在纽约的一个派对上。毋庸置疑，梅耶给予的关爱和她的进取精神对埃隆·马斯克性格和自信心的形成有着极大影响

移居南非后，约书亚和韦恩便开启了冒险生涯，他们时不时还会因这些冒险活动登上全国性的报纸。比如，1952年，他们驾驶自己的单引擎轻型飞机从非洲出发飞抵挪威和英格兰，然后返程，全程大约35400千米。次年，这对夫妇和儿子斯科特又开启了另一趟全程12900千米的飞行旅程，对中部非洲进行了探索。1954年，约书亚凭借一项令人惊叹的飞行记录而蜚声国际，这次他驾驶着那架功勋累累的飞机从非洲东海岸出发，穿越亚洲抵达澳大利亚海岸，然后返航，全程53000千米。

从1950年到1970年，约书亚·霍尔德曼总共飞越了全球80个国家和地区。他曾在南非的各大飞行机构担任要职，他是南非航空器拥有者及驾驶员协会（Aircraft Owners and Pilots Association，AOPA）的联合创始人和主席，还曾在南非空中导航法规委员会（South African Air Navigation Regulations Committee）任职5年。他和韦恩还是百步穿杨的射击手，都在全国手枪射击比赛中取得过佳绩，是射击俱乐部和全国射击协会的领军人物。

光是这些似乎还无法让人对霍尔德曼夫妇的精彩履历印象深刻。除此之外，他们还是业余的探险家和考古学家，年幼的梅耶曾跟随他们探索过非洲大陆的很多偏远角落。不仅如此，约书亚对寻找传说中的卡拉哈里失落之城（Lost City of the Kalahari）特别感兴趣。自1953年开始，他总共进行了

12次陆空探险，沿途遇到了很多非洲部落居民和野生动物。1974年，约书亚在一场飞机失事中丧生，以这种悲怆但也合理的方式结束了他的探险之旅。

梅耶继承了父母无拘无束的性格和英勇无畏的精神，并在很大程度上将这种无畏的精神传递给了自己的孩子。当然，梅耶只是马斯克双亲中的一位。埃隆·马斯克的父亲埃罗尔·马斯克（Errol Musk）是一位土生土长的比勒陀利亚人。他在十几岁时认识了美丽的梅耶，并发起了猛烈的恋爱攻势，两人时不时地约会。埃罗尔多次求婚，最终抱得美人归，两人于1970年举行了婚礼。埃罗尔的父母分别是南非人亨利·詹姆斯（Henry James）和出生于英国的科拉·阿米莉亚·马斯克（Cora Amelia Musk），他们也十分聪明，埃隆·马斯克与他的祖母科拉十分亲近。

务实的埃罗尔在机电工程、建筑项目和物业管理方面都颇有建树。很久以后，有媒体报道称埃罗尔·马斯克还曾是南非一座翡翠矿的所有者。在一些报道中，这个故事还有另一个版本，他们认为埃隆·马斯克和兄弟金巴尔（Kimbal）在美国售卖珠宝，这项收益为二人打下了良好的经济基础。2019年12月28日，埃隆·马斯克自己在推特上回应了这个十分荒诞的说法，并对此做出了解释："他没有翡翠矿，而且我大学期间一直在打工，毕业时还欠了大约10万美元的学生贷款。在研发 Zip2 那段时期，我甚至都买不起第二台电脑，只能晚上编程，白天运营网站。不知道这些谣言从何而来？"但至少在一开始，梅耶和埃罗尔为年幼的埃隆·马斯克提供了稳定而富裕的舒适生活。随着 1972 年弟弟金巴尔和 1974 年妹妹托斯卡（Tosca）的相继降生，这个家庭逐渐壮大。在埃隆·马斯克的成长过程中，他的兄弟姐妹发挥了重要的作用，特别是弟弟金巴尔，在很多次户外探险和商业变革中，他都陪伴在马斯克身边。

学习经历

最能展现童年埃隆·马斯克成长经历的莫过于记者阿什利·万斯（Ashlee Vance）的研究，他的《硅谷钢铁侠：埃隆·马斯克的冒险人生》（*Elon Musk: How the Billionaire CEO of SpaceX and Tesla is Shaping Our Future*）一书便是基于对马斯克的长期采访创作的。童年时期的马斯克是一个拥有超凡智力和无限求知欲的孩子。他读书如饥似渴，从托尔金（Tolkien）的《指环王》（*Lord of the Rings*）到《大英百科全书》（*Encyclopaedia Britannica*），无论是小说还是纪实作品，他都喜欢读。身边的人很快便发现埃隆·马斯克有着非凡的记忆力，甚至一些高科技信息也能轻松记忆，快速而准确地检索这些信息也成为埃隆·马斯克常在聚会上展现的一种才艺。在他未来的奋斗过程中，这一天赋令他受益匪浅，同时也为其赢得了大批渴望提升智力的"粉丝"。（见第六章）回顾马斯克的前半生，会发现他自学能力极强，只要给他一些书籍和学习资源，无须辅导，他便可快速吸收这些内容。

即使将母亲对孩子的偏爱考虑在内，梅耶·马斯克也早在大儿子几岁时便清楚地意识到他的特别之处。在采访中，梅耶被问及何时意识到"这个小男孩可能有些不同"。她答道："从3岁开始，他便可以逻辑清晰地跟我理论，我都不知道他是怎么把事情厘清的。"虽然拥有非凡的智商对孩子而言不是一件坏事，但也会带来一系列的问题。参照万斯的记载以及其他说法，我们会发现少年马斯克是其他孩子眼里的另类。埃隆·马斯克经常沉浸在各种思考和想法里，而其他同学也会注意到他精神上的疏离，这让他偶尔会受到同学的排挤。马斯克自己也很清楚自己与周围人的不同。在播客主持人乔·罗根（Joe Rogan）的一次采访中，马斯克回忆道："好像在五六岁或什么时候，具体时间我不太确定，我觉得自己疯了。"罗根问马斯克为什么会有这种感觉，他回答："因为，很明显，其他人跟我不一样，他们的脑海里并没有一直被各种各样的想法占据。这就很怪，就像我很奇怪似的。"马斯克认为，应该向更广泛的社会隐藏自己的怪异之处："我希望他们不会发现我，我担心他们会把我关起来。"但与此同时，他快速运转的大脑里充满了希望和巨大的能量——当他向罗根讲述自己内心的想法时，他如此说道："就像是一场永不停息的爆炸。"

不久之后，年幼的埃隆·马斯克还要硬着头皮应对更多的问题。1979 年，他的父母离婚了。马斯克家族成员由此开启了一段离散动荡的岁月。父母分居后，埃隆·马斯克、金巴尔和托斯卡一开始跟随母亲生活。但大约一年后，埃隆·马斯克决定搬去跟父亲生活；没多久，金巴尔也加入了他们。根据万斯的说法，这个搬去跟埃罗尔生活的决定在一定程度上受到了以下家庭逻辑的影响：没有孩子跟随埃罗尔生活，梅耶却有 3 个孩子陪伴，马斯克说这"似乎不太公平"。虽然这些个人记忆和回忆已经适当回避了很多这个时期的细节，但一项公开记录显示，在跟随父亲生活的这段时间，埃隆·马斯克和金巴尔并不是很快乐。根据已发表的回忆录，人们不难发现埃罗尔是一个阴沉、焦虑又刻板的人，这让他与两个成长期男孩的关系变得非常紧张。❶

---

❶ 万斯选取的埃罗尔教育方式的代表性例子，是其对埃隆·马斯克想去美国生活想法的回应——埃罗尔辞退了熟悉的女管家，让埃隆·马斯克自己做家务，借此让其体验自己在美国的生活。

但他也有一些积极的影响。埃罗尔是一个经济条件很好的父亲，他多次支持两个男孩出国旅行，提供了丰富的学习工具和很好的学习环境，如书架上摆满的各类书籍。此外，埃罗尔也是一个秉持工程人生观的人，而他的儿子们似乎也在很大程度上受到了这种人生观的影响。埃隆·马斯克和金巴尔会跟随父亲去建筑工地，并在那里学会了一些实践技能，如基本的电气、木工、管道以及砌砖。尽管这些技能对埃隆·马斯克和金巴尔的事业并没有太多助益，却真真切切地让他们学到了解决实际问题的重要经验。时至今日，马斯克仍然以典型的物理学视角看待工程，打破了理论和实际行动之间的壁垒。埃隆·马斯克还尝试自制烟火，根据一时兴起自学的化学知识，自己制造爆炸物和推进剂，产生一些壮观又令人震惊的效果。很显然，埃隆·马斯克是那种喜欢在现实世界中创造奇迹的人。

埃罗尔·马斯克在2015年接受非洲版《福布斯》采访时，对比了两个儿子天赋上的差异，并发表了对儿子们发展道路的看法。他解释说，埃隆·马斯克是"内向的思考者"，是那种即使去参加聚会，也更愿意将时间花费在研究主人藏书上的人。在埃罗尔的描述中，金巴尔是两个男孩里更愿意社交的那个，而埃隆·马斯克则对各种理念和可能性有着强烈求知欲。但有一次的经历对埃隆·马斯克的最终发展方向产生了重要影响。

埃隆·马斯克的青少年时期正好是个人计算机蓬勃发展的时期。自20世纪四五十年代数字计算机发明以来，这些设备几乎完全服务于政府和企业，但从20世纪80年代起，计算机的价格逐渐平民化，并因此得以广泛普及，为延续至今的数字革命奠定了基础。由埃罗尔·马斯克的采访可知，埃隆·马斯克在11岁时对计算机产生了兴趣，并向父亲表达了想要学习计算机培训课程的想法。埃罗尔了解到，当时约翰内斯堡（Johannesburg）的金山大学（University of the Witwatersrand）将举办一个国际计算机研讨会，但该活动不允许儿童参加。最后在埃隆·马斯克的坚持下，埃罗尔还是设法为儿子在长达3小时的开幕讲座中找了一个座位。埃隆·马斯克按照指示，安静地坐在会场一侧聆听讲座，为表尊重，他还在自己的夹克内搭配了衬衫和领带。埃罗尔和金巴尔中途出去吃完东西回来时，发现讲座已经结束，但是埃隆·马斯克却不在原来的位置上。据埃罗尔说，他们在原地等了埃隆·马斯克许久都不见人，最后发现他正热火朝天地和英国到访的专家进行探讨。当埃罗尔走向他们时，其中一位教授告诉他："这个小男孩真的需要一台电脑。"

这是一条中肯的建议。计算机彻底改变了埃隆·马斯克和世界的关系。即使在当时有限的技术条件下，可编程计算机仍为发明创造提供了看似无限的前景，很显然，这与埃隆·马斯克的想法不谋而合。埃隆·马斯克的第一台计算机是 Commodore VIC-20，它作为首台销量达到 100 万的计算机，在计算机名人堂占有一席之地。虽然与现在的计算机相比，Commodore VIC-20 的配置看起来十分搞笑，只有 5 千字节（kb）的内存，但埃隆·马斯克还是满腔热情地钻研了起来。这种热情后来也成了埃隆·马斯克的标志性特征。在短短 3 天的不眠不休后，埃隆·马斯克就学完了电脑附带的整套 BASIC 编程语言课程，而这套课程按理需要几个月的时间才能学完。值得注意的是，实际上根据马斯克的回忆，当时他父亲对这台设备十分嗤之以鼻，认为这台设备并不是"真正的工程工具"。埃隆·马斯克对这种观点不以为然。

尽管通过多年来的各种采访，人们已经拼凑出了一些细节和推论，埃罗尔·马斯克和长子关系的全貌仍然影影绰绰。但可以确定的是，这对父子的关系已经非常疏离。2017 年接受《滚石》（*Rolling Stone*）杂志的尼尔·施特劳斯（Neil Strauss）采访时，埃隆·马斯克表示："他真是个可怕的人。"

马斯克很快便迷上了计算机，在计算机的语言、电路和输出中找到了自己的逻辑归宿。值得关注的是，1984 年马斯克仅用 169 行代码就开发了一款科幻游戏——Blastar。20 世纪 80 年代，大批的早期计算机用户花费数小时将一行行的程序指令输入自己的电脑中，这些键盘操作最终变成一款屏幕游戏。马斯克以500美元的价格将游戏卖给了南非杂志《个人微机和办公室技术》(*PC and Office Technology*)，该杂志十分欣赏Blastar的高效性和趣味性，并发布了该游戏的源代码。直到现在，Blastar仍在运行，通过网页界面即可直接体验。Blastar的开屏页面不仅会让人联想到《太空入侵者》(*Space Invaders*)里的场景，还附有简洁的说明："任务：摧毁携带致命氢弹和状态光柱机的外星货船。使用操纵杆调整角度，然后使用发射按钮射击。"即使现在来看，这款游戏仍然充满了挑战性和趣味性，这是笔者基于自己的游戏体验而做出的评价。

在整个青少年时期，以及往后的岁月里，马斯克都在计算机上投注了大量热情，但如果你认为他是一个与世隔绝的年轻极客，那便错了。事实上，埃隆·马斯克、金巴尔与许多亲戚朋友在那段时间收获了很多生活经验，之所以会如此，主要是因为他们可以在几乎没有父母监管的情况下自由自在地体验各种小风险。要知道，当时的南非还非常原始，饱受贫困和种族政治蹂躏，是世界上犯罪率最高的国家之一。在埃隆·马斯克青少年时期，犯罪率还在以极其迅猛的速度攀升。然而，两兄弟还是搭乘火车在比勒陀利亚和约翰内斯堡——后者是20世纪90年代媒体公认的"世界上最危险的城市"——之间往返。两兄弟要足够机敏和警觉，才能远离麻烦，可能还能窥得远离文明社会生活的一角。

高中时期，埃隆·马斯克的心灵和身体饱受霸凌，非常自卑，这种折磨持续了三四年。马斯克在童年时期辗转了6所不同的学校，他自己也承认频繁的转学让他"很难交到朋友"。他的特立独行也使他成为其他孩子针对的目标，这些孩子将任何与众不同的孩子都视为异类。其中一些霸凌事件还是暴力的，比如，在布莱恩斯顿高中（Bryanston High School），当时埃隆·马斯克坐在一段混凝土台阶的顶部，一个男孩蹑手蹑脚走到他背后，踢了他的后脑勺，然后将他从台阶上推了下去。这个残暴的开场动作，是提醒其他男孩围攻马斯克的信号，他们无情地踢打他的身体，拽着他的头猛烈撞击地面。金巴尔很担心自己哥哥的生命安全。这次殴打令马斯克伤势严重，要入院治疗，为此他一周都没去学校，后来甚至还做了鼻子重建手术。那些年里，这些霸凌团伙的另一个乐趣便是殴打埃隆·马斯克的朋友，直到他们不再和埃隆·马斯克一起玩才肯罢休。

来到比勒陀利亚男子高中（Pretoria Boys High School）后，埃隆·马斯克终于迎来了较为稳定的生活，霸凌也消失了。在这里，马斯克虽然学习成绩并不突出，但他是一个聪明而专注的学生。尽管在青少年时期有诸多纷扰，但马斯克对计算机的兴趣丝毫未减，他选修了学校计算机编程课程，学习BASIC、Cobol 和 Pascal 语言。但随着马斯克步入成年，他对计算机的热情里融入了另一种动力，即移居美国的强烈期望。

2014 年，马斯克在中国接受采访时曾概述过这两种思想的斗争。

> 老实说，当我还是个孩子时，真的没有什么宏伟的计划。我之所以开始电脑编程是因为我喜欢电脑游戏，我玩了很多电脑游戏，而且我也知道如果我编写软件，然后出售，可以挣更多的钱，可以买更好的电脑。所以，真的并不是因为什么远大的抱负。但在成长的过程中，我读了很多书。它们大多是以美国为背景，而且当时的美国似乎正在开发很多新技术。我想，好吧，我十分想从事新技术的研发工作，所以很想去硅谷。对年少时的我而言，硅谷就是像奥林匹斯山一样神秘的地方。

对异国他乡存在迷恋和渴望是年轻人的共性。但将这种向往与某个特定产业紧密结合，或者至少与非表演艺术的某个行业联系在一起，还是很少见的。将向往付诸实践更是十分难得，特别是对一个仅有 17 岁的年轻人而言。然而，这正是马斯克在这个不成熟的年纪要开启的旅程。

马斯克十分渴望离开南非,他觉得加拿大是开启北美生活的关键切入点,这得益于当时移民政策的一些变化,马斯克可以继承母亲的加拿大公民身份。马斯克前往海外还有另一个目的,即希望借此逃避南非的义务兵役。

马斯克开启了漫长的移民申请过程,并利用这5个月的时间攻读了比勒陀利亚大学(University of Pretoria)的计算机和工程学位。最终,埃隆·马斯克完成了移民所需的所有手续,在世界的另一端开始了全新的生活。

加拿大

从埃隆·马斯克家族前几代人的冒险精神以及他自己的成长背景来看,他当初独自移居加拿大的决定并不难理解,而且应该也没有提前做好计划。他抵达的首个加拿大口岸是东部的蒙特利尔港(Montreal)。马斯克原本打算借住在当地的一位叔叔家,但在那个没有电子邮件的时代,通信有点儿滞后,埃隆·马斯克在抵达后才发现这位亲戚实际是住在明尼苏达州(Minnesota)。因此,他先在一家青年旅社落脚,打算在那里规划接下来的行动。在加拿大的萨斯喀彻温省(他外祖父的故乡),他还有一个远房亲戚。为了投奔住在美加边境附近小城——斯威夫特·卡伦特（Swift Current）的亲戚，埃隆·马斯克开启了一场大约3050千米的长途巴士之旅。

在某个还能接受的固定的地方安顿下来后，马斯克接下来的首要任务便是找工作挣钱。很难想象马斯克，这个未来的世界首富，也曾这样窘迫，因此他很理解从事基础工作的低薪体力劳动者。他在加拿大的头几个月，干过农活，伐过木，清理过锅炉。还有一项工作几乎没人愿意做，就是爬进伐木厂的锅炉里，刮掉锅炉内还冒着热气的水垢。工人每30分钟就要出来换下气，以防中暑身亡。这项工作刚开始的那周，有30个人分到了这项工作，但到了周末，只剩3个人还在坚持，马斯克就是其中之一，这也是马斯克顽强性格的又一有力证明。

虽然最初只有埃隆·马斯克一人移民加拿大，但随后他的母亲和兄弟姐妹也相继搬到了加拿大生活。金巴尔是第一个到达的。兄弟间的亲密关系无疑给了埃隆·马斯克极大的鼓舞。兄弟之间涌动着一股强大且充满活力的能量，这种力量最终发展成完善的计划和方案，帮助两兄弟在北美收获了成功的事业和生活。埃隆·马斯克也重新开始了自己的学习，1989年，他进入加拿大东部的安大略省（Ontario）金斯顿（Kingston）的女王大学（Queen's University）攻读物理学和经济学理学学士学位。

埃隆·马斯克在2013年接受《女王校友评论》(*Queen's*

Alumni Review）采访时，讲述了他在女王大学的时光。他把在女王大学的这段时光大体界定为"有趣"且"对自己产生了很大影响"。他解释道："我在女王大学时从老师和同学身上学到了一件特别的事情，即如何与智者合作，如何利用苏格拉底反诘法来实现共同的目标。"苏格拉底反诘法是对假设或论点的问答式探索，参与者深入探索问题的过程，不仅是为了探讨想法，也是为了揭露辩论者的价值观、原则及信念。因此，苏格拉底反诘式对话的参与者处于某种"积极性不适"（productive discomfort）状态中：他需要审视自己和自己与世界的关系。这并不是一个抽象的概念，而是实实在在地揭露了假设和因循守旧的想法。在这种教学策略中，我们可以看到马斯克后来倡导的从"第一性原理"推导的影子，即摆脱公认的逻辑和理念，从根本上调查某个命题或问题。❶

相较于高中时期，女王大学时期的马斯克让周围的人更加清楚地认识到他过人的智力。他的一些同届同学都认为他非常聪明，即使是在知名大学的众多优秀学生中也非常突出。他高度专注，竞争意识强，还会抓住学生生涯中的其他机会，在学习的同时谈谈恋爱，交交朋友。

---

❶ 如要深入了解马斯克对"第一性原理"的应用及其知识观的其他方面，请参阅第六章。

马斯克也开始展露自己的创业天赋。他掌握的计算机知识在渴求技术的学生团体中得以充分发挥,而马斯克也开始凭借维修或组装定制计算机来赚钱。在大学之外,埃隆·马斯克和金巴尔还制定了自己的人脉战略,即与有影响力的商界领袖建立关系网。在求知欲和自信心的驱使下,他们会冷不丁地去联系这些大鳄,并说服他们腾出时间与自己面谈。其中的一位大鳄便是加拿大丰业银行(Bank of Nova Scotia)的高管彼得·尼克尔森(Peter Nicholson)。这对兄弟给尼克尔森留下了很好的印象:这是两个非常可爱、有趣且坚定的年轻人。通过这种主动联系的方式,马斯克和尼克尔森及其女儿克里斯蒂建立了联系。

马斯克与尼克尔森的联系对他的人生观产生了深刻的影响。在20世纪90年代初的某个夏天,马斯克获得了在加拿大丰业银行实习的机会,能够直接在战略主管手下工作。对这位刚参加工作的年轻人而言,这是一份颇具挑战性的工作,他要分析该银行在第三世界的债务投资组合,看看在一些南美国家和地区出现债务违约后,这些投资组合是否仍有价值。显然,埃隆·马斯克对这份14美元时薪的工作满怀激情,并有了一些发现。他认为这可以为银行和任何利用这些发现的人带来收益。他发现,某些南美国家的债务都有美国政府的担保，而所谓的"布雷迪债券"（Brady Bonds）[1]的担保价值与债务的实际价值差额巨大，因此某些精明的交易员可能会将他们的资金翻倍，而所有这些资金都能享受美国联邦政府的担保。埃隆·马斯克兴奋地把这个想法告诉了他的顶头上司，他的顶头上司也看到了这个想法的价值，并把这个想法提交给了公司的首席执行官。而首席执行官却否决了这个想法，理由是阿根廷和巴西的债务风险太高。这项否决令埃隆·马斯克非常沮丧。他觉得银行家们完全没有抓住重点，同时也错过了由美国财政部为巨额资金提供担保的机会。他后来告诉阿什利·万斯，这一刻让他明白"银行家所做的都是模仿他人"。不过他的失望情绪很快便转化为"信心"，他认为自己最终可以利用银行的从众倾向和可预测反应来对付银行，这是一个可以复制的模式。

跨越边境

尽管在马斯克的文化观里，加拿大一直是他很喜欢的国家，但他从未忘记自己最初的目标：穿越边境，前往美国，

---

[1] 以美国前财政部长尼古拉斯·布雷迪（Nicholas Brady）的名字命名。

让自己走进这波技术革命的核心。此外，在20世纪80年代，公认的未来革命性技术——互联网奠定了自身发展的基础，在20世纪90年代，这场席卷全球的革命变成了现实，从根本上改变了人类通信、零售和信息/数据的交换方式。而这场革命的推动者绝大部分来自美国。

1992年，马斯克转学到宾夕法尼亚大学（University of Pennsylvania），接受美国常春藤联盟（Ivy League）的高校教育，这也是他首次跨越美加边境。埃隆·马斯克学习的是商业和物理专业，在浓厚的辩论和研究氛围中，他飞快地成长。尽管在不懈的工作态度方面，很少有人能与其匹敌，但周围的同学都跟他一样充满求知欲。在宾夕法尼亚大学读书期间，他结识了对自己产生重大影响的一生挚友阿德奥·雷西（Adeo Ressi）。雷西当时也是一名学生，后来凭借自己的努力成为一名活力满满的科技企业家和投资者，他还是X奖基金会（XPRIZE Foundation）的董事，投资那些有利于人类长期利益的科技项目。两人一见如故，很快成了朋友，并一起租了一栋大房子。这也是两人的黑历史——他们将房子改造成了一个可同时接待500人的非法夜总会。他们采用半专业的模式运营，即俱乐部会员需要支付5美元的入场费。没过多久，两人又租下了另一处更大的房产，进行了类似的改造。由于这是万斯的描述，所以在这个故事里，雷西更像一个派对狂，而马斯克似乎是一个克制的酒徒，负责让各项活动井然有序地进行。

说句题外话，埃隆·马斯克在大学同时学习商业和物理两个专业的原因也很有意思。事实上，这并不是常见的专业组合。尽管把这两个专业跨界结合的价值显而易见，但科技和商业在学术方面仍然保持着一定的距离。吉米·索尼（Jimmy Soni）在他的《创始人：埃隆·马斯克、彼得·泰尔和创造现代互联网的公司》(The Founders: Elon Musk, Peter Thiel and the Company that Made the Internet)一书中提到，马斯克在一次美国物理学会（American Physical Society）的通信采访中曾表示，之所以选择做生意是为了在未来拥有足够的高压优势来保护自己："我担心如果我不学商科，将来可能会成为学习商科的这些人的员工，而学习商科的这些人会了解一些我所不知道的特殊事项。这听起来可不太妙，所以我想确保自己也要了解这些事情"。另一方面，物理可以培养思维的严谨性（他认为如果他能搞清楚物理数学，那商业数学也就不在话下了），但物理也涉及有关生命、宇宙和万物的众多深奥问题[1]，这对马斯克有着特别的吸引力。简而言之，商业

---

[1] 引自道格拉斯·亚当斯（Douglas Adams）的《银河系漫游指南》(The Hitchhiker's Guide to the Galaxy)，马斯克最喜欢的一本书。

更加务实，而物理则十分重要。

宾夕法尼亚大学似乎是马斯克各种想法萌生和成型的理想之地，这些想法也是他后来作为创业工程师和自由创新者的核心理念。在 2009 年宾夕法尼亚大学的一次演讲中，他解释道：

> 我在宾夕法尼亚大学时，便开始思考什么最能影响人类的未来。我认为最有影响力的三个发展领域是互联网、可持续能源经济的转型和太空探索（特别是外星移民方面）。这并不是说我认为自己会涉及所有这些领域。但事实证明，这些领域我都参与了。

在宾夕法尼亚大学期间的几篇高分研究论文中，他探讨了这些兴趣点的具体细节。在这些论文中，马斯克详细研究了大型太阳能电池厂从太阳吸收大量免费能量的可能性，以及如何利用超级电容的能源效率为各种车辆提供动力。这样高屋建瓴的思考在大学里并不少见。然而，令人惊讶的是，这些愿景一直都是埃隆·马斯克实现理想的动力，并最终以非常惊人的规模变成了现实。

1994 年的夏天，马斯克或许已经打好了未来正式创业的基础。去硅谷后，他获得了两份实习机会，这两份工作都极大地激发了他的兴趣。其中一个实习机会来自洛斯加托斯（Los Gatos）的尖峰研究所（Pinnacle Research Institute），他的主要工作是负责超级电容器的开发和应用。正如我们所看到的，这些设备已经引起了马斯克的注意。超级电容器实际上是一种电能存储设备，可以存储大量电荷，还可以快速释放能量，快速充电以及多次反复充电。由于该设备性能优于电解质电容器和标准电池（或充电电池），因此以上这些性能是有可能实现的。超级电容器的特性让它非常适合需要反复充电和瞬间能量爆发的应用，如电动汽车的加速和制动，但马斯克的愿景是将这些设备应用于所有未来机械和系统中，从汽车到太空能源枪，概莫能外。

在尖峰研究所的实习经历激发了马斯克对能源研究的热情，让他更加坚定自己的研究方向。值得注意的是，在此期间，他还构思了网上银行的未来发展方向，特别是构建完整网上银行服务的可能性，内容既涉及储蓄和支票账户，也涵盖经纪和保险服务等。当时，他身边很少有人把这些成熟的想法当回事，尤其那时互联网的潜能尚未完全发掘，更不用说实现了。但跟埃隆·马斯克的很多早期想法一样，这些想法一旦涌现，随后便会变为现实。从埃隆·马斯克的任何一本传记中都可以清晰发现，他不会轻易接受"某事很难做到"的说法。

尖峰研究所只是其白天的工作，那段时间，他还有另一份实习工作。当夜幕降临后，他会前往帕洛阿托（Palo Alto）的火箭科学游戏公司（Rocket Science Games）开始自己的第二份实习工作。火箭科学游戏公司是由史蒂文·盖瑞·布兰克（Steven Gary Blank）和彼得·巴雷特（Peter Barrett）在1993年创立的一家新兴游戏工作室。在马斯克加入前，这家公司刚收到世嘉公司（Sega Enterprises）和贝塔斯曼音乐集团（Bertelsmann Music Group）1200万美元的投资。这是一份令人期待的工作，不仅是因为公司从电影和科技行业引入人才，打造出了游戏产业的强大图像界面，收获了盛名，还因为当时正是从插入式游戏卡带到数字功能更加强大的只读光盘（CD-ROM）硬件的过渡期。埃隆·马斯克最初被安排去编写基础代码，但这项工作并没有限制他太久。他有着无可挑剔的技能和心理承受力，能够长时间工作而无疲态，也不会被工作压力击垮，拥有硬件和软件方面的深厚知识，以及自学成才的程序员所特有的独立解决问题的能力。这些特质很快便给经验丰富的程序员和行业专家留下了深刻的印象。没过多久，他在火箭科学游戏公司便升了职，负责编写支持使用鼠标和操纵杆与游戏控制台交互的驱动程序。

也是在这个时候，埃隆·马斯克和金巴尔开始了一场至今令人津津乐道的公路旅行。金巴尔出售了部分专业绘画学院（College Pro Painters）的特殊经营权，所得收入便是他们这次旅行的经费。这些钱够买一辆二手车，还是没有空调的那种。现在他们有了车，满怀穿越美国的激情，从加利福尼亚州（California）出发，穿越科罗拉多州（Colorado）、怀俄明州（Wyoming）、南达科他州（South Dakota）和伊利诺伊州（Illinois），最后返回宾尼法尼亚大学。秋天，埃隆·马斯克将在那里开始他最后一年的学习。在旅途中，兄弟俩有大把的时间来研究各种创业架构，比如某个新的电子健康记录系统，可以用于改善医生间的协作和信息交换。两人还做了一个商业计划，但由于这个计划缺乏吸引力，两人很快便放弃了。

　　1995年，马斯克从宾夕法尼亚大学毕业时，拿到了经济学和物理学双学士学位。这时的马斯克已经在多次实习中获得了一些行业经验。他的每份实习都与他感兴趣的关键领域息息相关，现在他还掌握了非常出色的理论知识。有一段时间，他渴望继续深造，随后他被斯坦福大学录取，攻读物理学博士学位。如果马斯克坚持走了这条路，那他将来的发展也会有很多可能性。但正如历史所呈现的那样，马斯克仅在两天后便从斯坦福退学了。马斯克的求学生涯，至少正式的求学生涯到此便结束了。至此，他开始了自己的第一次创业。

ELON MUSK

第二章
从 Zip2 到 PayPal

第二章
从 Zip2 到 PayPal

野心勃勃的埃隆·马斯克将自己工程师的视角与互联网的兴起完美融合到了一起，准备大展宏图。第一家电子商务公司波士顿电脑交易所❶（Boston Computer Exchange）成立于 1982 年，直到 10 年之后，另一家主要的在线购物平台才出现，即书库无限网络书店（Book Stacks Unlimited）。顺便提一下，1995 年成立的在线书店亚马逊（Amazon.com），就是在一定程度上受到了这家公司的启发。亚马逊的领导者是科技企业家和未来太空梦想家杰夫·贝索斯（Jeff Bezos）。尽管亚马逊初期仅将图书作为自己的主营业务，但实际上这只是贝索斯规划的起步阶段。他要打造一个"全品类的商店"，消费者可以在这个在线平台上买到所有他们想要的东西。

全球范围呈指数级增长的互联网和计算机使用者是促进这些企业发展的助推器。随着网景导航者（Netscape Navigator）等网络浏览器和雅虎（Yahoo!）等搜索引擎的出现，现在任

---

❶ 一个二手计算机售卖平台。

何拥有电脑的人都可以不断地探索万维网（World Wide Web）的版图。在 Windows 95[1] 和苹果 Mac OS 操作系统的推动下，计算机本身也从 20 世纪 80 年代的笨重机型演变为实用、灵活、价格合理且功能日益强大的机型。

1991 年，全世界仅有 1 家可访问的电子商务网站。但到了 1994 年，这个数字已经攀升至 2738 家。仅仅 1 年后，电子商务网站的数量就达到了 23500 个。这一事实展现了所有这些技术在社会上放大的积累效应。然而，火箭式的增长才刚刚开始，如果马斯克想在这个新时代留下自己的印记，现在正是出手的时机。但他需要先确定创业的方向。

Zip2

Zip2 的灵感源自黄页（Yellow Pages）。在某次实习时，马斯克遇到了一位来自黄页公司的销售人员。以现代的视角来看，传统的黄页是由色泽鲜艳的纸张印刷而成的企业目录，数百页厚，上面列有当地数千家公司，体积庞大，看起来像《圣经》般古老。但对过去的几代人而言，黄页是寻找当地商铺、商品和服务的主要参考工具。显然该公司也意识到了时

---

[1] 1995 年推出，替代了先前的 Windows 3.1 操作系统。

代的变化，这位销售人员吞吞吐吐地向马斯克提及了打算在某个新在线平台推广公司的计划。虽然这场推销并没有说服马斯克接受黄页的提议，但却激发了马斯克的灵感，他想做一些更高级的东西。因此，在1995年11月弟弟金巴尔加盟后，马斯克注册了全球链接信息网络（Global Link Information Network，GLIN）公司，开始了自己的第一次创业。

GLIN的核心理念是将在线商业目录与可搜索的数字地图结合在一起，让用户在找到所需企业的同时，还能获得路线导引。他们的公司为客户公司提供展示服务，客户为此付费，那这项服务的首要目标自然是能吸引客户使用。在该公司初期的宣传报道中，这项服务的名称好像有很多叫法。《旧金山纪事报》（*San Francisco Chronicle*）曾在报道中称："新产品既可称为虚拟城市导航器（Virtual City Navigator），也可称为统计信息（Totalinfo）"。很显然，马斯克兄弟俩正在快速地学习和成长。

GLIN的创业启动金十分微薄。兄弟俩把积蓄都投到了这家公司，埃罗尔也注入了一些资金。进一步的6000美元投资是由加拿大商人格雷·库里（Grey Kouri）提供的，他在公司未来几年的成长过程中为这些经验不足的创业者提供了指导，客观研判了他们的想法和决策的可行性。

马斯克兄弟的创业团队非常袖珍，但没多久也招募了3

位销售人员，他们在帕洛阿托租了一间小办公室。即使有了这些集资，各方面的资金仍非常紧张，而且基础设施也十分简陋。在 2003 年 10 月 8 日的一次 SpaceX 演讲中，埃隆·马斯克详细描述了自己早年实验性创业的情况。他告诉听众，当时不仅要忍受艰苦的客观环境，还要处理他们向客户推广产品时遇到的一些基础性问题。

> 开始时，我们想引起人们的兴趣。我们需要花一半的时间来回答类似"什么是互联网？"这样的问题，甚至在硅谷都是如此。但偶尔也会有人购买，我们便能挣到一些钱。大多时候，都只有我们六个人。分别是我、被我说服前来加盟的加拿大的弟弟，以及我母亲的一个朋友，再加上我们在报纸上登广告临时招募的三位销售人员。刚开始的时候十分艰难。我不仅没钱，还有负债，有一大笔学生贷款要还。事实上，我无法同时负担公寓和办公室的租赁费用，所以我租了一间办公室。它比公寓的租金更便宜。我就在办公室打地铺，在基督教青年会（YMCA）洗澡。

还有另外一个细节：尽管 GLIN 是一家互联网初创企业，但成立之初并没有接入 Wi-Fi。埃隆·马斯克同楼下的互联

第二章
从 Zip2 到 PayPal

网服务提供商达成了协议，解决了 Wi-Fi 问题：他直接在办公室的墙上钻了一个洞，将一条以太网线缆从洞中穿过，连到楼下可用的路由器上。

诸如此类的创业故事很重要，有助于为马斯克营造出一个非常生动的创业者形象。一些创业巨头在一开始就有诸多优势，如大量启动资金或成功企业的背后支持。而埃隆·马斯克几乎是白手起家，并随后通过自己的双手、智慧和劳动，以及在他绝对掌控下的团队，收获了现在的一切。GLIN 的首批员工非常敬佩马斯克的工作能力，他可以毫无怨言地长时间工作，同时工作表现也不会变差。只有非常自律的人才能保持这样的状态，不过这似乎也源自他自身的骄傲。这种骄傲让他无法容忍任何失败，甚至是暗示失败的事物也不行。所有的不适、所有的问题和所有不合逻辑的地方，似乎都被他钢铁般的意志和长时间的工作碾碎了。马斯克确实曾经说过："我有武士心态。我宁愿切腹❶，也不愿意失败。"这种与虚无军事主义的类比还是非常恰当的：马斯克会为了一个问题开战，并对退缩有着近乎病态的抗拒。

马斯克自己编程，逐渐完善了产品的基础结构和上层

---

❶ 日本武士的一种仪式性自杀方法。

架构。两笔业务给他的努力带来了不菲的报酬。一是获得了旧金山港湾区现有企业数据库的许可证。该地区有700多万人口，金融科技行业也正在快速增长。二是可以免费访问Navteq已创建的内容。创建于1985年的Navteq到20世纪90年代已成为世界上最大的数字地图制作商之一。这两个数据源的融合为马斯克的新产品赋予了实用性。

"虚拟城市导航器"现在已经初具规模并开始对外销售，该业务主要由骨干销售员负责。但扩大业务规模仍是一项艰巨的任务，很明显，如果该公司想要从初创公司的基础阶段升级，便需要大幅度提升其产品销量。不过，在1996年，一切天翻地覆。20世纪90年代是风险投资家疯狂投资科技领域的时代，初创企业的估值因此飙升。1983年在加利福尼亚圣马特奥（San Mateo）成立的莫尔达·维多风险投资公司（Mohr Davidow Ventures，MDV）正在寻找新的投资机会。该公司的领英简介如此写道："30年来，莫尔达·维多风险投资团队一直致力于投资各种科技型初创公司，这些公司重新定义或创造了巨大的新市场。"MDV的高管会见了马斯克兄弟，其兄弟二人成功说服了这些外部人士，让他们看到了GLIN未来的潜力。后来，MDV向GLIN注资了350万美元。现在，一切都将改变。

跌宕起伏

在 MDV 数百万投资的支持下，马斯克从刚创业的梦想家快速成长为一个全面发展的知名公司的领导者。投资带来的变化很快就显现出来了。最引人注目的变化之一便是这家公司拥有了一个全新的名称：Zip2，该平台在网址 www.zip2.com 下运行。它还需要更新、更大、更豪华的办公室来容纳涌入的新员工，其中很多都是专业的计算机工程师和程序员。对马斯克而言，他们的出现带来了巨大的文化上的转变。在此之前，马斯克一直习惯用自学的技能来编写程序。万斯发现了马斯克与新技术人员的紧张关系，后者带来了他们认为的更加高效而专业的编码技术，而马斯克则强调工作热情和以不同方式完成工作的理念。

但 MDV 投资所带来的最大人事变动是其任命里奇·索尔金（Rich Sorkin）为新的首席执行官，埃隆·马斯克调任首席技术官（CTO）。在 MDV 看来，索尔金拥有更加坚实可靠的行业背景。他毕业于耶鲁大学（Yale University）经济学专业，曾在总部位于波士顿的管理咨询公司贝恩公司（Bain & Company）工作，接着于 1988 年获得斯坦福大学（Stanford University）工商管理硕士学位，之后又去了硅谷，加入了新加坡创新科技有限公司（Creative Technology）的美国子公司创新实验室（Creative Labs），担任该公司声霸卡（Sound Blaster）部门的负责人。声霸卡声卡在20世纪90年代已成为个人电脑音频的标准消耗组件，占全球已售计算机声卡数量的70%。简而言之，对投资者而言，虽然不清楚索尔金其他方面的能力如何，但他拥有马斯克这个南非青年无法比拟的履历。

这一决定严重影响了马斯克与Zip2的关系。从万斯等记者的调查结果可以清楚地知道，马斯克对索尔金的任命非常不满，特别是他还是一个手握战略缰绳、注定要成为领导者的人，这样的结果对他而言更难接受。探析马斯克后来对商业文化的一些思考，也有助于我们了解他提出的企业整合问题。因为企业整合的重点是财务和股东的整合，而非产品研发和创新的整合。在2020年12月15日发布的油管网（YouTube）Theoxa频道的采访中，马斯克被问及他认为美国企业存在哪些问题。他特别指出的一点便是人们对工商管理硕士（MBA）的过分推崇。

我认为经营公司的MBA可能太多了。还有美国的"MBA化"，我认为这并不是一个好趋势。公司管理应该更关注产品和服务本身，减少花在董事会和财务上的时间。……公司的意义到底是什么呢？为什么会有公司呢？公司是一起创造产品或服务，并交付产品或服务的人的集合。有时，人们会忽视这一点：公司本身是没有价值的，只有当它是有效的资源分配者，并能够创造高于成本或投入的产品和服务时，它才是有价值的。

在首次创业25年后，马斯克才提出了这一观点。但回想他对错过布雷迪债券机会的看法，我们会发现，直到今天，他仍不看好传统的企业观。在埃隆·马斯克看来，MBA们并不能代表公司的能力和创新性。

说回Zip2，人员的变动造成了公司整个发展方向的导向性转变。将个人商务用户作为业务重点的做法被否决了，原因是进程慢，人员需求量大。所以，现在Zip2着眼于规模更大的全国性业务扩张战略。与各大电信公司的合作计划没有成功，但该公司开始专注于向各大报纸销售软件产品，这样他们就可以为客户开发专属的广告目录。这一发展路线使公司开始赢利。到1997年，Zip2已经开发了140家报纸网站。Zip2的创新使其成为媒体的宠儿，在竞争日益激烈的领域脱颖而出，竞争对手中不乏微软（Microsoft）、城市搜索（CitySearch）、雅虎、克雷格列表（Craigslist）和美国在线（AOL）等知名企业。❶ 采用全新Java编程语言的Zip2，拥有

---

❶ 谷歌成立于1998年。

前所未有的强大功能，可以提供餐厅座位预订和数字导航等服务。奈特里德报业（Knight Ridder）、软银集团（SoftBank Group Corp）、赫斯特（Hearst）、普利策出版社（Pulitzer Publishing）、莫里斯通信（Morris Communications）和纽约时报公司（The New York Times Company）等投资者纷纷向该公司注资。仅榜单上的前两家公司便投资了1210万美元。

毋庸置疑，两兄弟的生活已经发生了翻天覆地的变化。囊中羞涩的凑合日子和财务困境已经一去不复返了。现在富有而显赫的二人已是硅谷革命的先锋人物，而这场革命正在席卷美国，并向世界各地蔓延。但在高层看来，并非事事顺利。马斯克会与Zip2高管就公司战略及其实施进行真诚地探讨。万斯的研究显示，马斯克认为在直接吸引客户方面，Zip2还可以进一步完善，而不是仅将自己定位为报纸品牌的服务商。

问题在1998—1999年间集中爆发，而这段时间也是马斯克事业发展的关键期。Zip2面临的市场竞争日益激烈，他们开始四处寻找可以提升公司资金杠杆的并购方，以提升公司日益微薄的收益。在1998年4月，Zip2宣布他们将与主要竞争对手城市搜索合并。与Zip2一样，城市搜索也是创建于1995年，总部也同样位于加利福尼亚州，并且发展方向也大致与Zip2相同，都是为依托地图和旅行指南的企业、服务、零售和娱乐等行业提供在线城市导航服务。该并购提议前景广阔，两个公司合并后会拥有更强的实力来对付微软新推出的竞争对手——赛德沃克科技公司（Sidewalk）。❶根据合并协议，新公司将沿用城市搜索的名称运营，虽然城市搜索的首席执行官查尔斯·康恩（Charles Conn）在媒体上一再强调："（协议的）所有内容都能说明这是一场对等的合并：我们会保留两家公司中的优势文化和技术精华。"

然而，两家公司最终并没有合并成功。马斯克本人并不支持这次合并，城市搜索的财务状况，以及此次兼并对Zip2一些高管地位和职务的影响引发了众人的担忧。合并失败令Zip2的高层动荡不安。根据万斯的说法，马斯克曾向Zip2的董事会表示，他应接替索尔金成为公司的首席执行官，但董事会并不满意他的所作所为，不仅剥夺了他董事会主席的职位，还让风险资本家德里克·普罗蒂昂（Derek Proudian）取代了索尔金。本质上来说，马斯克在自己创建的公司里被降职了。这个真真切切的教训，让马斯克明白了掌握公司控制权的重要性。

然而，对于马斯克而言，真正改变游戏规则的事件发生

---

❶ 其实就在不久后，微软在1999年将赛德沃克科技公司出售给了城市搜索。

在 1999 年 2 月，康柏电脑（Compaq Computer Corporation）突然提出以 3.07 亿美元收购 Zip2，康柏希望借此增强其 AltaVista 搜索引擎的竞争力，来抗衡雅虎和美国在线。Zip2 接纳了这个收购提议，并为此举行了一个盛大的庆祝派对。然而，对马斯克而言这次收购是一个明确的信号，自己是时候退出 Zip2 转向新的领域了。他和金巴尔在离开 Zip2 时，分别获得了 2200 万美元和 1500 万美元的收益。

毋庸置疑，Zip2 的这段经历虽然布满荆棘，但对埃隆·马斯克而言，却是一段系统性的学习，这段经历使其对管理模式、公司管理、财务、并购的本质和自身奋斗的方向有了更深刻的认识。从整体来看，马斯克的成功还是十分令人震惊的。1995 年，他以极低的预算创办了一家公司，4 年后他就成了千万富翁。现在，他的未来项目有了资金支持。

X.com

据说，马斯克已经完全适应了自己获得的新财富，他购买了高端房产、一家轻型飞机（马斯克接受过飞行培训）和一辆价值 100 万美元的迈凯伦 F1（McLaren FI）跑车。后者之所以比较引人注目，是因为马斯克十分享受财富和崭露头角所带来的名望，因此 CNN 有幸得到授权，拍摄了该车的交付过程。视频中❶，年轻而亢奋的马斯克收到了由一辆闪闪发光的大卡车运送交付的 F1 跑车。整个视频清楚地展现了公众对新一代百万富翁的兴趣所在，这些富翁通常是一些借着互联网浪潮崛起的快速积累了大量财富的年轻人，他们正试着在精神上适应环境的急剧变化。马斯克还为观众介绍了一些故事背景。

> 1995 年的时候，还没有多少人上网，当然大多数人也根本赚不到钱。大多数人认为互联网会成为一股热潮。就在三年前，我还在基督教青年会洗澡，睡在办公室的地板上，但现在的我，拥有一辆价值百万的车，还有高水准的物质生活，这是我生命中的高光时刻。

但新财富对他的意义，以及因为这些财富别人对他产生的看法，都会令马斯克感到不自在。他含糊其词地说："我的价值观可能已经改变了，但是我并未意识到自己的价值观已经改变。"视频中出现的另一个人是马斯克的未婚妻——贾斯

---

❶ 仍可在线观看，详见：https://edition.cnn.com/videos/business/2021/01/07/elon-musk-gets-his-mclaren-supercar-1999-vault-orig.cnn.

汀·威尔逊（Justine Wilson）。马斯克和威尔逊从女王大学时期便开始谈恋爱。根据万斯的说法，马斯克一直在追求贾斯汀，她漂亮聪明，是一个极具创造天赋的学者，两人在1999年订婚。很明显，视频中的贾斯汀被马斯克展示的财富吓到了："这辆跑车价值百万，太奢靡了。"然后，她小心翼翼地补充道，仿佛已经感受到屏幕另一侧可能的评论："我担心我们会变成被宠坏的小孩，我们会因此失去欣赏力和洞察力，"但是她也承认，"这真的是硅谷最完美的汽车。"

显然，马斯克和贾斯汀正在努力进行心态和社会方面的调适，以适应他们全新的财务状态。但这并不意味着，马斯克会在接下来的项目中有所松懈。

马斯克又转回了在加拿大丰业银行实习时涌现的想法，将下一个目标锁定在银行业，确切来说，是网上银行。如果说Zip2教会了他什么，那一定是在更大的科技浪潮开始时，创建一家企业并挖掘其巨大潜能。网上银行就是这样一个舞台。首个家庭网上银行服务可追溯到1980年，是由美国联合银行（United American Bank）提供的一项服务，付费用户可通过特殊的安全调制解调器访问账户信息。20世纪八九十年代，涌现了几波网上银行的推广浪潮，但是都没有撼动民众已经习惯的柜台模式，网上银行的使用率并不高。到1999年，仅有0.4%的美国家庭以某种形式使用网上银行，因为对很多潜在客户而言，安全问题仍是一个需要考虑的重要因素。但随着互联网的迅猛发展，到20世纪末，世界上的大多数重要银行都在思索如何利用这项新技术，因此金融领域涌现了大量尝试性的初创企业。创建于1996年的NetBank总部位于乔治亚州（Georgia），是一家任何初创企业都不能小觑的对手。NetBank的股价仅在1999年便出现了从3.5美元到83美元的巨大飞跃，由此可见该行业的潜能巨大。埃隆·马斯克也将加入这场竞赛。

马斯克新目标的首个产物便是1999年3月创立的X.com。马斯克决定创建一家提供网上金融服务的公司，公司服务内容涵盖所有交易领域：储蓄、支票账户、贷款、股票交易、抵押贷款和保险，并希望此公司可以最大限度颠覆传统银行业。这是场风险系数极高的冒险，不仅要遵守各个金融领域错综复杂的监管制度，还要应对为网上基础设施提供代码支持的巨大挑战。除此之外，他还将面临全球各大银行的打压。但马斯克从未在挑战面前退缩过，他毫不犹豫地做了自己的投资人，用自己新获得的财富给自己创建的新公司X.com注入了1250万美元。至于为什么要起这个名字，马斯克认为X.com很有趣，可以引起更多人的兴趣，唤起众人的回忆，摆脱传统描述性名称的局限。而且他还认为，随着口袋计算机市场的增长，这个简单的名字，更方便用户通过微型键盘输入和访问。

马斯克意识到 X.com 让自己进入了陌生的知识领域，于是组建了专业团队。他邀请了两位加拿大金融专家——哈里斯·弗里克（Harris Fricker）和克里斯托弗·佩恩（Christopher Payne），以及 Zip2 的前高管何艾迪（Ed Ho），工程师兼编码专家，作为联合创始人。其他出色的工程师、律师和金融专家也纷纷被其招入麾下，这些人才常常折服于马斯克对银行业问题的见解，以及他解决这些问题的方法，欣然成了这家高风险企业中的一员，共同来打造 X.com。

这不是一次绝对愉快的思想融合。几位联合创始人之间的关系很快就变得紧张起来，特别是马斯克和弗里克。根据万斯和索尼等传记作家的说法，弗里克发现马斯克的公开承诺——创建一家提供全方位服务的金融机构，与他们努力打造的实际产品和所需应对的挑战并不相符。管理团队成员之间的关系恶化，弗里克在公司成立 5 个月后，提出了以下要求：要么他接替马斯克出任首席执行官，要么他离开，并带走团队中的大部分成员。马斯克从来都不是一个接受威胁的人，他不会放弃自己在 X.com 的职位，而弗里克坚持了自己的决定，带走了包括何艾迪在内的 X.com 团队的大部分成员。

虽然埃隆·马斯克仍然拥有 X.com，但事实是，他不得不重建新班底。在这件事情上，他没有退缩，也没有偏离自己的方向。在马斯克的游说下，越来越多的工程师和专家加入。

与此同时，公司也获得了联邦存款保险公司（Federal Deposit Insurance Corporation，FDIC）的重要监管许可和保险，具备了在关键金融领域进行交易的资质。他甚至设法与巴克莱银行（Barclays Bank）达成了合作协议。

尽管管理层出现了动荡，但 X.com 还是在几个月后的 1999 年的 11 月 24 日上线了。为了顺利发布，这位老板连续工作了 48 小时。这家新型企业无疑掀起了银行业的波澜。该公司通过自身的在线门户网站，为客户提供个人对个人、企业对企业、个人对企业的支付服务。这一突破性的转变，打破了传统的支票或柜台支付模式。在吸引客户方面，X.com 也十分给力。每位注册客户可获得一张 20 美元的现金卡，每推荐一位新客户，便可获得 10 美元的现金卡，而且没有透支罚款。到 2000 年年初，该公司的客户数量已经超过了 20 万人，而签约客户的数量仍以每天 4000 人的速度在增长。

X.com 正在崛起，但是公司高层仍然麻烦不断。特别值得一提的是，X.com 的投资者对马斯克出任公司首席执行官越来越不满，这种不满在公司即将进行首次公开募股（IPO）❶时达到了高峰。因此，在 1999 年 12 月，比尔·哈里斯（Bill Harris）取代马斯克成了公司的首席执行官。此前两年，哈

---

❶ 首次在公开交易所发行公司股票。

里斯一直在会计和税务软件公司财捷公司（Intuit）的董事会任职。到了 21 世纪初，X.com 也有了强大的竞争对手。其中之一便是康菲尼迪公司（Confinity），该公司是马克斯·列夫琴（Max Levchin）和彼得·泰尔（Peter Thiel）于 1998 年 12 月创立的金融软件公司。马克斯和彼得后来也成了互联网创业领域的传奇人物。康菲尼迪最初是租了 X.com 的一小间办公室，专注研发 PalmPilot 手持设备用户间的支付系统。两位创始人很快便发现 PalmPilot 系统未来发展前景有限，因此两人将研发重点转向一种可简化在线支付的新型数字钱包系统，并将该系统命名为 PayPal。

PayPal 被在线拍卖网站易贝（eBay）采纳为支付方式后强势崛起。易贝同亚马逊一样，都是互联网零售领域正在崛起的巨星。由于方向的转变，PayPal 成了 X.com 的直接竞争对手。PayPal 很快搬到了一个新的办公室，一间不属于马斯克公司的办公室。在爆发了一场商战之后，两家公司开始磋商合并的可能性，于 2003 年 3 月进行了和平谈判。两家公司的合并是可行的，PayPal 拥有庞大且不断增长的客户数据库，而 X.com 则拥有更多的现金储备。这次合并效果显著，新公司的规模更大（由于马斯克是最大的股东，所以新公司仍以 X.com 的名义运营），发展速度更加迅猛，吸收了大量外部投资资金，并拥有了庞大的客户数据库。合并的另一个重要成果是哈里斯离职，马斯克重掌首席执行官一职。

　　康菲尼迪和 X.com 的联手与 Zip2 和城市搜索的合并相似，麻烦不断。两家公司有着截然不同的文化、老板和技术，并且根据万斯等消息人士的说法，它们从未完全融合为一个协调的实体。工程师和管理层在技术层面的争论尤为激烈，马斯克希望公司更多地采用微软软件，而 PayPal 员工更想使用开源的 Linux 系统。功能方面的问题也日益增加，频繁的网络中断加上大量的在线欺诈，都令人十分担忧。随着成本上升，公司的财务情况也遭到了重创。

　　万斯对后续事件的描述为"硅谷漫长而辉煌的肮脏政变史上最肮脏的政变之一"。这次事件还得从贾斯汀和马斯克两人结婚说起。这对夫妇 2000 年 1 月喜结连理，2008 年离婚。他们的婚姻本身就是一个话题，在此不再赘述。然而，2010 年贾斯汀·马斯克（Justine Musk）在《嘉人》（*Marie Claire*）上发表了一篇长文，披露了她作为"发妻"的"真实生活"。从贾斯汀的视角来看，她是被马斯克的智慧、慷慨和毅力所吸引。不过她在文章中也详细描述了她认为的"警告信号"。据她回忆，当他们在婚宴上跳舞时，埃隆·马斯克对她说："我是这段关系中的老大。"她说当时自己"没拿这句话当回事"，但是随着时间推移，她觉得马斯克的这句话不是在开玩笑。在随后对类似言论的反驳中，她说："我是你的妻子，不是你的员工。"据说,马斯克对此进行了回击:"如果你是我的员工,我会开了你。"不管真相如何,很明显,这对夫妇之间有问题需要解决。

马斯克夫妇结婚时,X.com 正在全速发展,那时的埃隆·马斯克太忙了,没有时间度蜜月。因此,2000 年 9 月,他将澳大利亚的募资之旅和去看奥运的蜜月之旅合二为一。但在他们登机时,马斯克已经预感在他不在的这段时间会有事情发生。以下是他接受马克斯·查夫金(Max Chafkin)采访时,自己对当时情况的描述是这样的。

> 我认为在推进很多重要事情的时候离开办公室,并不是一个好主意,这会给人造成巨大的压力。我此行需要筹集资金,并补上那年年初结婚时没有休的婚假,或者说是蜜月,随便怎么说吧。所以这既是一场融资之旅,也是一场蜜月旅行。总之,在我们离开的这两周里,很多事情都令人牵挂。这让管理团队认为我不是管理公司的合适人选。……我本可以非常努力地抗争,但在这个关键时刻,我认为与其抗争,不如做出让步。……我理解他们这么做的原因,彼得、马克斯和大卫等都很聪明,他们做事通常都是出于正确的动机,他们会做自己认为正确的事情,我想他们是

有合适理由的。只是在我看来，这些理由都是不成立的。但最终的结果是好的，让人很难辩驳。

此处，我们可以补充一些细节。马斯克很快便察觉了管理层的政变，因此在悉尼落地后，他立马返程又飞回了加利福尼亚。据他自己说，在见到列夫琴和泰尔时，自己是冷静的，当然也是有些失望的，但他还是接受了这一已经做出的决定。他仍然担任公司的顾问，但是公司的管理核心已经转移到了 PayPal 方，泰尔掌权几周后，便将公司名称由 X.com 改回 PayPal，这就是有力的证明。

马斯克每次想要度蜜月时，命运似乎都会给他一些打击。在接下来的 12 月份，贾斯汀和马斯克决定再奖励自己一个浪漫的假期，规划了为期两周的巴西和南非之旅。但在南非的一个野生动物保护区，马斯克感染了一种特别危险的疟疾，当他回到加利福尼亚后，疟疾引发的症状差点儿让他一命呜呼。最初，几名医生都没有对病情做出正确的诊断，好在最终有医生发现了症结所在，挽救了马斯克的生命。这次险象环生的经历，让他在重症监护室里待了整整 10 天。他总共花了 6 个月的时间才康复。他告诉万斯这次经历给他上了一课："度假会要了你的命！"

X.com，也就是 PayPal 之所以能收获今天的地位，实现每年 2.4 亿美元的收益，拥有数百名员工，在其发展过程中，马斯克发挥了重要的推动作用。公司于 2002 年 2 月进行了首次公开募股，股价以 13 美元开盘，在收盘时，股价已攀升至 20.09 美元，为公司带来了超过 6100 万美元的收入。尽管根据行业分析师的说法，PayPal 在 1999 年 3 月至 2001 年年底已实际亏损 2.83 亿美元。马斯克仍然是该公司最大的股东，但更大的事情还在后面。2002 年 7 月，当时电子商务行业的真正领军者易贝——到 2001 年，在所有电子商务公司中，它拥有最大的用户群——想以 15 亿美元的巨额资金收购 PayPal。这是一个令人难以拒绝的报价。这笔交易为马斯克个人（持有 11.72% 的股份）带来了 1.8 亿美元（税后）的意外之财。他不再掌控公司。而他所拥有的财富规模，真正为其开启了更大的可能性。

全新视野

在本书中，我们会有更多机会思考有关埃隆·马斯克财富的话题，以及马斯克成为世界首富的意义。极度富有确实会遭到许多媒体的抨击，马斯克也因此遭受了过多的刁难和指责，特别在纳税等问题方面，他受到的抨击更多。不过，马斯克在 2021 年 12 月宣称，他将在该年缴纳 110 亿美元的税款，这可能是个人纳税金额的最高纪录。在油管网的一段视频中，马斯克阐述了自己一个经过深思熟虑的观点，即对非常富有的个人征收过重的税费并不是一个好主意，因为这个主意是以政府能够更好地使用这些征集税款为前提的。

比如，如果你认为资产超出了一定的水平，比如说，远远超过了某人的消费能力，那在某种程度上，这就是资本配置。所以，这不是个人支出，而是在进行资本配置。把资本配置工作从资本配置高手手中夺走，交给一个资本配置能力极差的实体，即政府，是毫无意义的。我的意思是，从本质上可以将政府视为一家有限责任公司。政府只是一个垄断暴力的超大型公司，这家特别的公司也不会赋予你追索权。那你想给这个实体交多少钱呢？

很多人都认为百万富翁的财富就是巨额的银行存款，但实际上，大部分的财富并不是真金白银，而是股票和资本价值。在马斯克的规划中，他的财富是一个机会，可对资本进行高效且有针对性的配置，而政府要么一开始就不会进行资本配置，要么就是无法高效配置，这一点从很多存在成本超支和浪费现象严重的公共项目上便可以看出来。

　　由一些公开报道和马斯克的采访可知，在 X.com 和 PayPal 任职的这段时期，马斯克的日子并不好过，特别是在两家公司合并后波澜丛生的这段时间。许多媒体分析家在分析这一事件后认为马斯克应承担主要责任，马斯克的领导风格、对其野心的实践，乃至部分人格都遭到了诟病。从某种程度上来说，这些攻击形成了一种潮流：时至今日，媒体和互联网的许多角落中都充斥着对马斯克的谩骂和攻击，不过马斯克也会回击，以遏制一些极端情况的出现。然而，这些攻击会分散我们的注意力，让我们忽视了马斯克努力获得的巨大成就，而这些成就只能通过全力施展个人才智和努力，通过解决自我认定的问题才可获得。从某种角度来说，虽然这家由马斯克创建和运营的网上银行，最终脱离了他的掌控，但仍然清晰展现了他那段时间所取得的成就。埃隆·马斯克用自己的资金创建了一家金融服务公司，吸引了数十万的客户，成了网上银行业的领军者。两家公司的合并，使公司进一步发展壮大，并最终为马斯克个人赢得了巨额财富，其财富总额相较其出售 Zip2 所获财富增长了 150% 以上。请注意，易贝收购 PayPal 时，他才 31 岁。对任何人而言，这都是一次难忘的人生经历。

我们不应该将这种青云直上的成功统统归功于运气，而忽视其决断力。在本书马斯克传记的"附录 2"中，万斯附上了一份马斯克的采访记录。在该采访中，这位企业家对自己在 X.com 和 PayPal 的一些决策和规划进行了辩护。令人印象深刻的是，马斯克从未放弃过改造传统模式的想法，但也牢牢把握住了创新背后的内在逻辑：一切都要经过深思熟虑。不论项目的风险系数有多高，"祈求最好的结果出现"都不会出现在马斯克的字典里。他的主要观点如下：

- 他认为，将品牌名称从 X.com 更换为 PayPal 并不一定是个错误决定，但如果他当时在场，而不是在飞往澳大利亚的飞机上，他认为自己可以说服董事会，当时并不是一个更名的好时机。根据董事会所掌握的信息，他可能也会做出同样的决定，对这一说法，马斯克表示认可。
- 切换到微软编程工具，特别是微软提供的大量支持库，极大提高了编码过程的效率。
- 马斯克向万斯阐述和解释了他在 PayPal 推行的财务模式："几乎没人了解 PayPal 的实际运营模式以及它快速崛起的原因，要知道当时前前后后出现的其他支付系统都折戟沉沙了"。马斯克详细介绍了外部自动票据交换所和内部处理交易提升处理速度和效率的方式，以及内部交易预防欺诈的机制。他还推动了 PayPal 货币市场基金的发展，以成本价吸引客户在 PayPal 内部进行交易。

任何想要深入了解马斯克对互联网历史上这一争议事件看法的人，可以阅读完整的采访。他回归了一个核心理念："目标应该是'什么带来基本价值？'"。马斯克的商业同行杰夫·贝索斯也赞同这一观点，贝索斯一生也是将客户需求放在任何其他考虑事项之前。

因此，无论人们如何解读马斯克创业前十年的举动和行为，毋庸置疑的一点是，他推动了数字革命的发展，是一个能够坚持自己本心、将创新发挥到极致的人。埃隆·马斯克的雄心几乎没有上限，这点在他下一次冒险中得到了充分证明：他要进军太空业务。

在我们将目光转向 SpaceX 的创建和崛起前，需要先了解一下马斯克个人生活中的一段悲惨经历，由此我们会看到，马斯克的生命里并不仅有工作方面的挑战。在易贝收购 PayPal 前不久，贾斯汀和埃隆·马斯克迎来了他们的第一个孩子，是个男孩儿，他们给他起名内华达·亚历山大·马斯克（Nevada Alexander Musk）。10周后，埃隆·马斯克和贾斯汀发现婴儿床中的内华达没了呼吸和反应。护理人员迅速将他送往医院，但是3天后，随着生命维持设备的关闭，这个男孩离开了这个世界。死因是婴儿猝死综合征（SIDS）。

照片摄于2008年，当时的马斯克看起来还很年轻，但他当时已经创立或联合创立了多家价值数百万美元的公司，如Zip2、PayPal、SpaceX和特斯拉

马斯克极其低调地消化掉自己的悲伤，并表示他认为"公开悲伤并没有意义"。他用工作来麻醉自己。与他不同，贾斯汀在《嘉人》发布的文章中提到，长子的离世让她陷入了"内心长期的抑郁旋涡"。

这对夫妻后来又有了多个孩子，贾斯汀说在内达华离世不到两个月时，她就去了试管婴儿诊所。马斯克夫妇共有五个孩子，分别是 2004 年出生的双胞胎泽维尔（Xavier）和格里芬（Griffin），和 2006 年出生的三胞胎凯（Kai）、撒克逊（Saxon）和达米安（Damian）。然而，这段婚姻并没有持续多久。埃隆·马斯克在 2008 年提出了离婚，这对夫妇在经历了漫长而复杂的离婚谈判后达成了和解，这自然也引发了公众极大的兴趣。

ELON MUSK

第三章
SpaceX

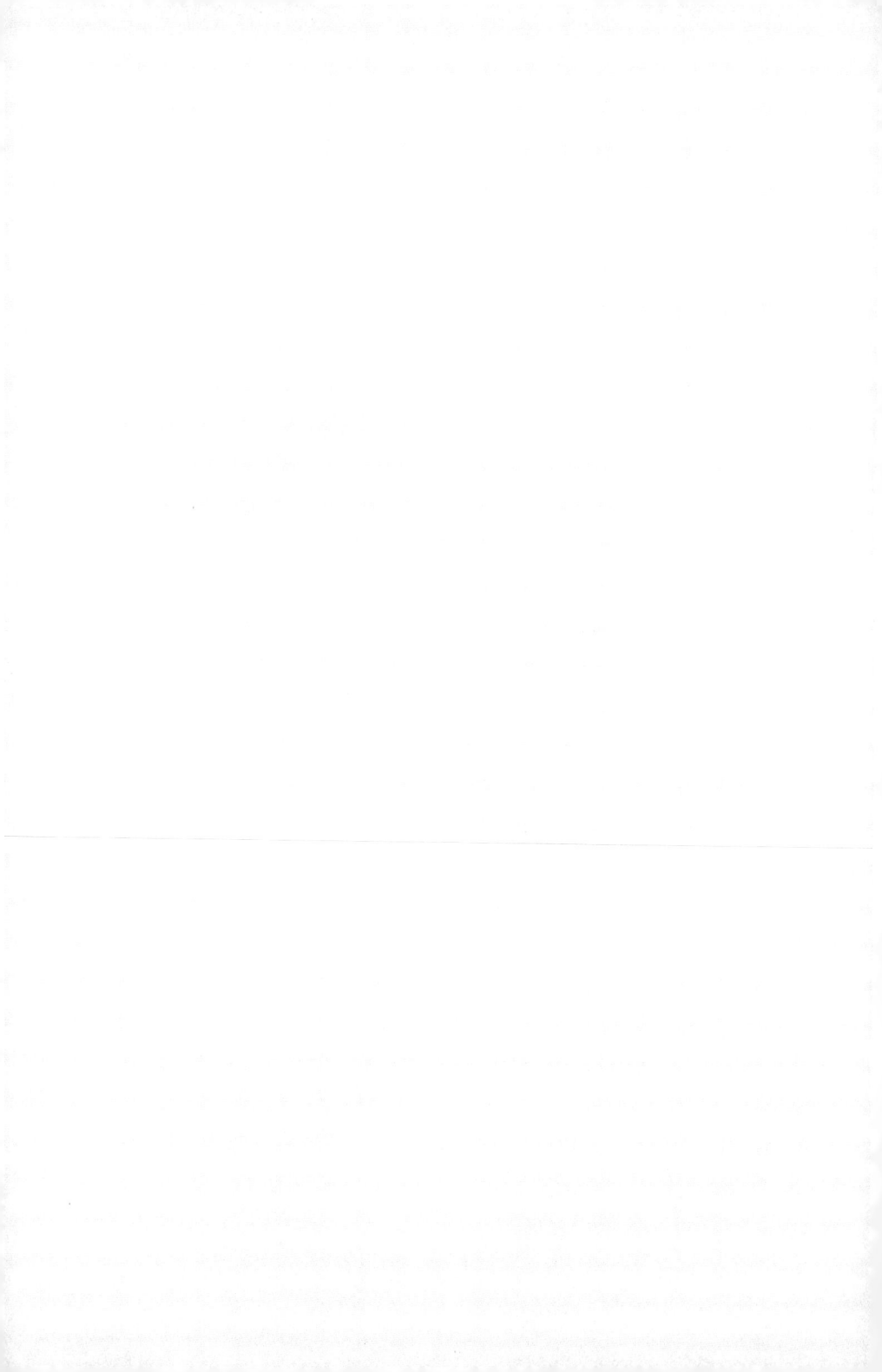

现在，在我们头顶上方 160~2000 千米的太空中，有 6500 多颗卫星正围绕着地球盘旋。理解这个数字的意义需要一些背景知识：这些卫星中只有大约一半是正在工作的，其余的都是废弃的太空垃圾。这些废弃的卫星只有两种结果，要么继续静静地绕着地球一直旋转，要么最终在滑回地球大气层的摩擦中燃烧殆尽。所以，太空中有 3000~4000 颗"工作"卫星，承担着从电信通话到天气预测的各种职能。然而，这些卫星中有很大一部分来自埃隆·马斯克在 2002 年创立的 SpaceX，而且其发射的卫星数量几乎每月都在增加。2022 年 4 月的接入数据显示，SpaceX 部署到地球轨道的星链（Starlink）卫星互联网接入的卫星数量已不少于 2335 颗，其中 2110 颗仍在轨运行中。

　　现在环绕整个地球的这些卫星便是埃隆·马斯克工程冒险主义的有力证明。而马斯克要做的还不止于此。几乎每隔几周，便会有更多的星链卫星发射升空。2022 年 3 月 9 日，同样由 SpaceX 打造的猎鹰 9 号火箭将 48 颗卫星送入了太空，是批量发射，而非单独发射。仅在 10 天后的 3 月 19 日，第 41 批的 53 颗卫星被送入了预定轨道。纵观各种新闻报道，会发现马斯克的最终目标是将 1.2 万颗星链卫星送入轨道，卫星数量在将来可能会达到 4.2 万颗，让全球每一个角落都可以通过大气层外的这些卫星直接接入互联网。在本书撰写期间，已有 40 个国家接入了星链系统。

备受瞩目的星链项目，也仅是马斯克 SpaceX 项目的一部分。在过去 20 年的时间里，马斯克改变了航天产业的性质，以及大家对航空产业对人类未来影响的展望。SpaceX 已经研发出可将宇航员和载荷送往太空的猎鹰 1 号、猎鹰 9 号和猎鹰重型运载火箭；打造出了 4 个系列的工作空间火箭引擎；也生产出了可部分重复使用的载人和载物太空飞船——龙号飞船 2 号（Dragon 2）；甚至还在设计研发一种可以完全重复使用的超级重型航天器——星舰（Starship），这可能是将来火星移民的重要工具。截至 2022 年 4 月 17 日，维基百科列出的"SpaceX 成就"中包含了很多"第一"，如：

第一艘私人投资的抵达地球轨道的液体燃料火箭。

第一家成功发射、入轨和回收航天器的私企。

第一家将航天器发送到空间站的私企。

第一艘垂直起飞、垂直推进着陆的轨道火箭。

第一艘重复使用的轨道火箭。

第一家将宇航员送入轨道和国际空间站的私企。

SpaceX 的猎鹰 9 号系列火箭已经飞行了 100 多次。

请关注其中频繁出现的"私"字。SpaceX 的履历和项目更像是国家政府支持的太空项目所取得的成就，而不是一个有抱负的私人工程师兼企业家所能拥有的，而这位工程师兼企业家没有任何航天方面的专业背景。在过去的十年里，他一直在创建互联网企业。当然，马斯克很富有，但从下面的事件里我们可以清晰地了解到，马斯克进军太空不是无所事事的消遣，这些项目更不是其挥霍时间和金钱的玩具。相反，这是一个经过缜密构思、计划、调研和执行的项目。相较于马斯克的其他项目，这个项目更能展现马斯克的非凡能力，他会将严峻的挑战视为更容易受逻辑和过程影响的机遇。最重要的是，他改变了整个行业的模式，带来了使人们多星球生活的可能性。

为什么选择太空领域呢

我们必须从几位记者采访马斯克的问题入手："为什么选择太空领域呢？"这个问题不仅是出于好奇。虽然马斯克在千禧年之后拥有了大量财富，但相较于太空飞行和探索的成本，他的这些钱犹如石沉大海，根本激不起什么涟漪。例如，到 2012 年，NASA 航天飞机（Space Shuttle）的每次发射成本为 16.4 亿美元。根据有效载荷和运载工具大小的不同，每次卫星发射的成本在 1000 万美元到 4 亿美元之间，而这还不包括卫星本身的制造成本，而一个普通气象卫星的制造成本在 2.9 亿美元左右。所以，如果说有什么商业部门可以轻松消耗掉辛苦赚来的数百万资金的话，那一定是航天工业。马斯克应该很清楚比尔航空航天公司（Beal Aerospace）的故事，该公司由得克萨斯州（Texas）达拉斯市（Dallas）比尔银行（Beal Bank）行长安德鲁·比尔（Andrew Beal）于 1997 年创建，旨在研发新款重型运载火箭，在研发和测试方面花费了数百万美元，最终还是在 2000 年停止了运营。

那么，为什么还要选择太空领域呢？这要从 2013 年 3 月 18 日弗朗西斯·安德顿（Frances Anderton）和马斯克在特斯拉汽车（Tesla Motors）的一场对话开始说起：

> 成立 SpaceX 和特斯拉并没有什么直接的关系，但我认为两家公司都是以解决重要问题为宗旨的。比如特斯拉，是想建立环境友好型交通，我们（人类）尚未在电动汽车领域取得足够的进步，仍需在这方面

做出努力。而我创建 SpaceX 只是想赋予人类一个更值得期待、有更多可能的未来，打造振奋人心的未来太空文明。……我想声明的是，我十分看好地球的未来，同时也认为人类应该朝多星球文明方向发展。

马斯克对这个问题的回答就像是工程实用主义和科幻未来主义的混合体。"需要做点什么"似乎已经成了马斯克的口头禅，他一旦看到以低于最优效率方式运行的重要人类工程或商业流程，便会想做些什么来解决问题。他的"太空文明"观十分主观，而且没有充分的解释，似乎他觉得我们天生就应该从其描述中找到其内在的价值一样。

在其他演讲中，他详细阐述了自己的太空文明观。当记者问他："为什么我们需要在火星上建造一座可容纳百万人口的城市呢？"马斯克激情澎湃地阐述了其蕴含的核心哲学：

拥有一个振奋人心的未来十分重要。……一定有什么原因支撑你每天早晨醒来，将生活延续下去。你为何要活下去呢？生活的意义是什么呢？是什么在激励着你？你对未来有何期待？如果我们不去那里，如果这些星球间没有我们的未来，我们也没能拥有多星球文明。如果这不是我们将拥有的未来，我觉得这将会是一件令人无比沮丧的事情。

马斯克似乎相信其他人都会像他一样，能够遵循本性探索一切可以探索的领域，去探究创新的极限。事实上，他对此进行了反思，并对现代太空探索历史中的重要事件进行了评估，然后将这段历史与向使用和渴求技术人群发出的感人号召融合起来："要是认为技术会自动进步时，那就错了。它并不会自动进步，只有当很多人都努力改进技术，技术才会实现进步。事实上，技术本身也会退步……"马斯克推崇以激情管理抵消技术熵，为文明提供所有可能的生存和成长空间，而不能只是寄希望于它自己的出现。

此外，在自身科技未来主义的支撑下，马斯克对人类面临的挑战有了非常清晰的逻辑认识。在其他演讲中，马斯克解释了人类的脆弱本质，他认为人类是灭绝事件和人口聚爆等现象的牺牲品。马斯克没有危言耸听，也没有夸大其词，他以数学和统计逻辑分析出合理的可能性和必然性，详细阐述了人类可能的结局。从本质上讲，我们需要进入太空，因为如果不这样做，我们就是将所有的鸡蛋都放进地球这个篮子里，风险太大了。

马斯克进军太空还出于另一个极具说服力的原因：很简单，马斯克认为是时候开启新项目了，而太空似乎对他有着特别的吸引力。朋友和同事发现他频繁地提及这个话题，并阅读了大量的相关资料，十分关注航天学和这个他即将进入的行业的信息、原理、技术和数据，当然也是因为这个行业充满了机遇。到 20 世纪 80 年代，美国的太空飞行在很大程度上仍由政府垄断，但《1984 年商业太空发射法案》（Commercial Space Launch Act of 1984）在 NASA 的使命声明中添加了以下内容："（C）航天技术商业化（Commercial Use of Space）：国会宣布为了美国的整体福祉，美国政府应最大限度寻找和鼓励太空商用的可能性。"从 20 世纪 80 到 90 年代再到 21 世纪初，美国逐步放松了对太空的管制，相继出台了《发射服务购买法案》（Launch Services Purchase Act，1990）和《商业航天法案》（Commercial Space Act，1998），这些法案都鼓励商业服务进军太空计划，打破航天飞机在太空运载方面的垄断。随着 2004 年《商业太空发射修正法案》（Commercial Space Launch Amendments Act）的颁布（此时马斯克已经创建了 SpaceX），私人太空飞行获得了监管部门的许可。跟 Zip2 和 PayPal 一样，马斯克认为这个历史性的时刻提供了一个需要抓住的机会。

早在 2004 年 3 月,马斯克就展示了一些 SpaceX 的早期构思。在短短几年里,马斯克自学了火箭科学的原理和操作实践,并达到了可操作的水平

太空探索的起步阶段

埃隆·马斯克太空探索的最初愿景极其庞大。他特别执着于向火星移民,但也意识到,在人类足迹遍布火星的红色土壤前,还有很多调研和探索工作要做。他开始参加火星学会(Mars Society)的会议——该学会是由科学家、航空工程师和少数知名业余爱好者,如电影导演詹姆斯·卡梅隆(James Cameron),组建的非营利性组织,旨在共同讨论与火星有关的所有问题。马斯克的理念在学会内广受认可,而学

会也得到了一位愿意为项目捐款的富有的支持者。马斯克很快便成为该学会董事会的一员。但随着他自身想法的日渐成熟，与马斯克对接的人越来越多，他需要将自己的理念转化成现实。因此，他辞去了火星学会的职务，成立了火星生命基金会（Life to Mars Foundation），该基金会本质上是一个由高端专家组成的智库和项目组，目标是在通往火星的荒芜、黑暗之路上迈出第一小步。

2001年9月，Spaceref.com 网站报道了该基金会的活动，并对基金会的成立表示了祝贺，还介绍了基金会的一些项目："有人投资了我说过的项目。互联网企业家埃隆·马斯克将火星移民计划定义为'一个积极而富有建设性，且能鼓舞人心的目标，这个目标在关键时刻，可将人类团结在一起'。他还承诺会拿出自己财富的一大部分来实现这一目标，首先是计划于2005年发射价值2000万美元的技术演示性火星登陆器。"

具体来说，在团队中马斯克火星探索的想法可划分为两个主要分支，对普通人而言，这两个分支听上去都很冒险或古怪，但具体取决于你怎么看。第一个是进行可行性研究，他想将老鼠送上火星，然后再把它们带回来。第二分支来自"火星绿洲"（Mars Oasis）的想法，这个想法是在火星地表建造一个机器人温室，温室内将种植植物。此举不仅能测试为未来人类移民建立基础农业的可行性，还可在火星大气层中生产氧气。

　　想法是一回事，现实则完全是另一回事。令科学家和航天工程师们尤为担心的是资金带来的局限性，埃隆·马斯克给出的预算仅有两三千万美元，但根据以往的经验，即使是非常不起眼的太空项目，也会在短时间内大量而快速地消耗掉这些预算资金。因此，对马斯克而言，当务之急是获取便宜的火箭技术。为此，他将目光投向了俄罗斯。具体来说就是，为了找到价格合理，又能在太空飞行中重复使用的现成发射设备，他打算购买俄罗斯的洲际弹道导弹（ICBMs）。

　　2001年秋天，马斯克带着采购任务去了俄罗斯，同行的还有资深的太空工程师吉姆·坎特雷尔（Jim Cantrell）和马斯克的昔日校友阿德奥·雷西。雷西凭借自己的努力，现在也是一位成功的企业家和千万富翁。从各方面来看，马斯克的俄罗斯之旅都是尴尬而令人沮丧的，俄罗斯代表并没有认真听取马斯克的提议。对代表们而言，这些会议更像是参加伏特加酒会的附带流程。该团队在2002年2月再次访问了俄罗斯，这次同行的还有麦克·格里芬（Mike Griffin），他曾在中央情报局的一个风险投资部门In-Q-Tel、NASA喷气推进实验室（Jet Propulsion Laboratory，JPL）和航空航天公司轨道科学（Orbital Sciences）等公司工作过。这次磋商依然曲折艰难，而且俄罗斯经销商并没有给出马斯克期望的价格。他们每枚导弹的报价为 800 万美元，而马斯克想以这个价格买两枚导弹。最终，这个美国团队两手空空地坐上了返程的航班。

然而马斯克太空之旅的历史性一刻在此时出现了。在返程航班上，士气低沉的团队成员正在反复思考自己的想法，很多人拿起了酒杯，但马斯克没有，他偏坐一隅，弓着腰趴在笔记本电脑前，拼命往电子表格中输入内容。他这样忙碌了一段时间后，又重新回到团队中，并宣布他已经找到了解决火箭来源和价格问题的方法。"我们可以自己建造这种火箭"。最初，大部分成员都认为这个想法过于异想天开，是马斯克挥霍其庞大财富的最佳方式。然而，当他们传阅过马斯克笔记本电脑后，一改刚才的沉默，都表现出了很大的兴趣。马斯克依托准确而深厚的知识，在电子表格中详细模拟了太空公司自己生产动力装置所需的成本和原材料，甚至报表中还涵盖了一些性能特征的计算。他还修订了自己的目标，暂时搁置了登陆火星的愿望，将注意力更多地转向发射系统的研发。这种发射系统可以承载体积更小的新一代卫星和有效载荷，而这些载荷可能会决定太空商业的未来，颠覆由 NASA 和主要国际空间代理进行的传统重型发射模式。在此过程中，他想打造更加低廉和高效的太空飞行方式。他希望能建立他后期向员工描述的"太空西南航空公司"（Southwest Airlines of

Space），成为美国国防部（Department of Defense）、NASA 和各大通信公司等客户的服务提供商，而费用仅是他们当前支付的成本的一小部分，可能还会绰绰有余。这对在场的人而言是一个惊人的壮举，一个自学成才的爱好者用实际的数据和方法简明扼要地阐述了自己的观点。泛泛而谈的内容是无法说服大家的，必须要拿出确凿的事实和成熟的技术参数才行。

太空探索技术公司（Space Exploration Technologies Corps.）成立于 2002 年 3 月 14 日，大家可能更熟悉公司名称的缩写 SpaceX。马斯克以自己为核心，组建了一个稳步增长的小型团队。这个团队的另一核心人物是汤姆·穆勒（Tom Mueller）。穆勒是一位杰出的火箭工程师和火箭引擎设计师，终其一生都在从事相关行业，曾在航空航天集团公司天合公司（TRW Inc.）供职 15 年。作为 SpaceX 的元老级员工之一，穆勒负责为 SpaceX 的几个运载火箭系列开发液体燃料火箭引擎和为龙号飞船开发高度控制推进器。后续加入团队的成员都很欣赏马斯克的模式，大家共事起来非常默契。他们大都是努力工作的年轻人，有着强烈的创新精神，也都热衷于新领域和前沿技术的工作，并从原来就职企业工作环境中的传统和惰性中解放了出来。马斯克亲自参与了招聘工作，很多工程师在接到马斯克的电话，或在其亲自拜访后感到十分困惑。有些接到电话的工程师认为这是恶作剧，这只是一个想去太空的亿万富翁一时的心血来潮。他们需要在接下来的几个月甚至数年里，拿出百分之百的精力和创意，来满足这位有着超高要求的老板。因此，每周工作 60 多个小时、80 多个小时，甚至 100 多个小时都成了常事。但是，这个早期团队成员的描述唤起了大家传教士般的热情和团队精神，因为他们发现自己正在从事一项令人振奋的任务，而且在这份工作中，他们可以自由地发挥自己的毕生所学和全部才华。

早期的 SpaceX 有着明显的即兴风格。公司办公室位于洛杉矶埃尔塞贡多（El Segundo）的一个大型工业区，公司成立后，这里很快便被办公桌、电脑、车间和工程设备填满了，工程师团队还需要前往偏远的测试基地进行各种引擎试验。最终，SpaceX 在得克萨斯州的麦格雷戈（McGregor）买下了121 公顷的火箭开发与测试基地（Rocket Development and Test Facility），该基地曾是比尔航空航天公司的旧址，该公司还恰巧留下了几座昂贵的引擎测试基础设施。SpaceX 的工程师们需要频繁地在加利福尼亚和得克萨斯间往返，有时为了节省旅程中的时间，马斯克甚至还会让这些工程师使用自己的私人飞机。

以航空产业的标准而言，SpaceX 的初期计划过于紧凑和庞大。其核心目标是研发猎鹰 1 号火箭[1]，这是一款小型运载火箭，能够以 690 万美元的成本运载 635 千克的有效载荷，这个开销只是当时运载火箭发射正常价格的很小一部分。在 1970 年到 2000 年，每千克有效载荷的太空发射平均成本为 18500 美元。而相比之下，猎鹰 1 号模型每千克有效载荷的发射费用仅有 4928 美元。作为早期的演示资料，马斯克设定的时间表是在公司成立 15 个月后发射猎鹰 1 号，这个时间表涵盖了引擎的设计和建造，火箭主体构建和发射平台研发，以及获得所有相关监管文件和许可的所有时间节点，真能让人急得一夜白头。

马斯克以自己的方式全身心地投入 SpaceX 中。作为总工程师，他全程参与了生产制造、测试、观察、分析和质询过程。为了完成工作，他也会亲力亲为，同工程师们一起处理问题，完全不顾自己的形象。从他自己的描述中，我们看到了一个既耐心又不耐烦的老板形象——他经常从容地应对不可避免的挫折，鼓励团队不断学习和进步，不要长期沉浸在失败主义中。但他对目标的坚持也带来了高压，同时坚决不能接受模棱两可的回答。万斯描述了前波音航空航天工程师

---

[1] 此名称借鉴了马斯克喜欢的电影——《星球大战》（Star Wars）中"千年隼号"（Millennium Falcon）宇宙飞船的名称。

杰里米·霍尔曼（Jeremy Hollman）告知马斯克另一个引擎测试失败的往事。埃隆·马斯克询问该组件何时可以重新运行，但霍尔曼没有立即给出答案。马斯克注意到了他的犹豫，告诉他："你需要搞清楚，这对公司很重要！这是所有事情的基础！你怎么能不知道呢？"这件事给霍尔曼留下了深刻的印象，从那时起，他一直确保自己能掌握所有具体的信息。然而，考虑到当时自己所承受的压力，毕竟，到 2004 年 2 月，马斯克还是特斯拉公司的董事长和最大股东，马斯克给自己找了一位能干的助理玛丽·伯丝·布朗（Mary Beth Brown），为自己筛选那些需要占用他时间和精力的人。在 SpaceX 的管理中，布朗是马斯克不可缺少的助手。

在最初的几个月和几年里，SpaceX 最耗费精力的工作莫过于为猎鹰 1 号研发默林引擎（Merlin engine）和茶隼引擎（Kestral engine）。航天器升力引擎必须在相当长的一段时间内提供巨大和稳定的推力，而其物理性的剧烈震动使其在开发阶段很容易因不可测因素而发生可怕的爆炸。SpaceX 也不例外，测试周期往往是一场应对挫败的练习，需要不断从头开始。猎鹰 1 号并不是唯一正在研发的项目。很快，SpaceX 开始研发具有中级运载能力的猎鹰 5 号运载火箭。但在 2005 年，这种运载火箭已经被可重复使用的猎鹰 9 号重型运载火箭所取代。后者在第一级搭载了 9 个默林引擎（跟猎鹰 1 号一样，猎鹰 9 号也是两级火箭），最高可将 22800 千克的载荷送入轨道。猎鹰 9 号三级重型运载火箭计划将重量高达 2 吨的卫星送入近地轨道，但这个计划在 2005 年还处于概念阶段，而这款火箭的真实开发意图直到 2011 年才向公众披露。

SpaceX 快马加鞭地应对初创太空项目的大量需求，并始终聚焦于突破传统方面。从"第一性原理"入手，会发现这正是马斯克问题解决方法的特点（参见第六章）。该公司采用"垂直整合"模式，利用公司基础设施完成尽可能多的生产、研发和工程程序，而不是将这些外包给承包商。将研发工作大量外包给承包商是传统太空研发项目成本超支的重要原因。公司鼓励工程师们尽量多使用公司已有的组件，从而降低成本、加快开发进程。例如，在随后建造龙号飞船和猎鹰 9 号运载火箭时，SpaceX 的工程师们从零开始建起了自己的航空电子平台，造价仅为 10000 美元，而传统太空航空电子系统的造价可能要在 1000 万美元左右。当 SpaceX 不得已与承包商合作时，马斯克会密切关注他们的工作，有时会不打招呼，搭乘长途飞机，在非工作时间突然拜访这些公司。如果他发现这些承包商在截止期限前未能全力以赴，便会大发雷霆。

埃隆·马斯克作为 SpaceX 的代表，在 2006 年火星学会会议上详细介绍了猎鹰 9 号运载火箭和载人版龙号飞船。马斯克就是在 21 世纪初的火星学会会议上正式开始公开表达了自己对实际太空探索的兴趣

艰难时期

猎鹰 1 号终于在 2006 年 12 月做好了发射准备，而此时研发费用的估值已达 9000 万至 1 亿美元。之前因引擎气门故障引发的结构损坏，原定于 2005 年 12 月 19 日的火箭

发射被迫放弃。各方面的压力席卷而来。这一系列的技术和操作阻碍，不仅使火箭发射安排远远落后原有计划，还延后了许多客户的火箭发射合同。作为新型运载火箭的评估项目，猎鹰1号的前两次发射资金源自美国空军（US Air Force）和美国国防高级研究计划局（Defense Advanced Research Projects Agency，DARPA）。SpaceX还拿到了一份价值1.5亿美元的TacSat-1部署合同。TacSat-1是一颗由美国海军研究实验室（US Naval Research Laboratory，NRL）建造的试验卫星，原计划是要搭乘猎鹰5号的第六次发射进入轨道的，但由于猎鹰1号项目的推迟，以及后续替代者的成功发射，即2006年12月16日轨道科学公司米诺陶1号（Minotaur I）火箭成功发射了TacSat-2，合同方取消了这个合同。SpaceX"2005年6月到2005年9月的最新消息"，向媒体披露了未来猎鹰1号和猎鹰9号运载火箭的客户名单，其中包括美国国防部、"美国政府"、马来西亚航天技术公司（Malaysia's Astronautic Technology Sdn Bhd，ATSB）、毕格罗宇航公司（Bigelow Aerospace）、MDA公司、瑞典空间研究中心（Swedish Space Corp.）和美国空军。该新闻稿还强调了为商业客户提供的价值。

我们还修改了自己的定价政策，向客户更加清晰地展现发射所需的所有费用。在一些人的印象里，仅射程和第三方的保险费用就高达数百万美元。现在的报价包含所有费用，但如果你要发射的是非常复杂的航天器，或者需要外部任务保障，则需另外计算费用。自 2002 年以来，我们的价格始终如一，即 590 万美元的火箭费用和根据射程、第三方保险和有效载荷计算的 80 万美元的综合费用。

在成功发射的基础上，2006 年 3 月 23 日猎鹰 1 号从马绍尔群岛（Marshall Islands）夸贾林环礁（Kwajalein Atoll）的奥梅莱克岛（Omelek Island）发射场发射升空，开始了它的第一次飞行任务。飞行 33 秒后，引擎出现了灾难性的故障，火箭发射失败。如此频繁的事故和心理预期落差重创了这个团队，但他们很快便启动了调查，找出问题并进行了改正。猎鹰 1 号的第二次飞行原定于 2007 年 1 月，但因技术问题多次延迟。直至 2007 年 3 月 21 号格林尼治标准时间 01：10，猎鹰 1 号才再次发射升空，这次飞行搭载了美国国防高级研究计划局和 NASA 的 DemoSat 卫星，这是一颗用于测试的标准卫星。这次，火箭达到了 289 千米的高度，但随后火箭出现了飞行稳定性问题，第二级引擎关闭，未能到达进入轨道所需的速度。尽管此次飞行中 95% 的火箭系统通过了飞行验证，

SpaceX 对此进行了公开庆贺，但火箭仍未实现预期的成功飞行。猎鹰 1 号计划于 2008 年 8 月 3 日进行了第三次发射。这次发射结果再次令人失望，由于火箭一级和二级在分离时发生了碰撞，火箭未能进入预定轨道。

猎鹰 1 号前三次飞行任务的失败，令 SpaceX 的员工备受打击，士气跌到了谷底。很显然，虽然拥有超强的抗压能力，但对太空探索的尝试仍给马斯克造成了巨大的心理打击。有报道称："他会尖叫着从噩梦中惊醒，浑身酸疼"。他曾对万斯坦陈，那段时间，他"超级沮丧"。但马斯克的问题对 SpaceX 而言，只是一系列更广泛心理打击的一部分而已。2008 年的夏天，世界陷入了自经济大萧条以来最具破坏性的全球金融危机。银行和贷款机构纷纷倒闭，投资组合价值暴跌，数百万人失业。在这场危机中，马斯克除了经营 SpaceX，还有另一家重要企业——特斯拉，前者已经花光了他自己 1 亿美元的资金，而后者也深陷困境（详见第四章）。马斯克的财务状况堪忧，支撑不了多久了。

抛开公司和技术问题，对马斯克个人而言，2008 年也是艰难的一年。由于他同那些知名富豪和明星的交往，以及世界媒体对这些的高度关注，马斯克现在除了享有企业家的声誉，还拥有一些世界名人的地位。在这一年，他提出了离婚，引起了全世界的关注。他与英国女演员妲露拉·莱莉（Talulah Riley）开启的新恋情❶，也丝毫没有让公众的关注减退。世界各地的商业媒体也在给马斯克找麻烦，一些人很乐意看到马斯克的挣扎，并质疑其是否还能再续辉煌。因此，马斯克有很多东西需要证明，也必须调整好自己的心态。2014年3月30日，在哥伦比亚广播公司（CBS News）《60分钟》(*60 Minutes*)节目中，他向主持人斯科特·佩利（Scott Pelley）坦陈："2008年绝对是我一生中最糟糕的一年"，他补充道，"我记得在2008年圣诞节前的那个周日醒来时，我对自己说，'天哪，没想到我有一天也会精神崩溃。'我觉得这是我最接近崩溃的一次，因为前景十分黯淡。"

2008年9月28日，期待已久的曙光出现了。猎鹰1号成功完成了首次发射和飞行任务，将搭载的165千克的虚拟负载送入了预定轨道。一时间，马斯克和他的团队沉浸在成功的喜悦中。现在这些太空飞行已广为人知，但我们不应因此而忽视马斯克和SpaceX团队所取得的成就。历史上，只有美国、俄罗斯和中国的国家级太空项目成功发射过航天器，进行过绕轨飞行和航天器回收。现在，一个由毫无航空航天背景的人经营的私企，在经营者自己承担项目绝大部分资金的条件下，也取得了同样的成就。马斯克还是该项目工程研发

---

❶ 这对情侣于2010年在苏格兰成婚。

的骨干。事实上,他随后便在一次采访中坦率地表示,在飞行任务的成功和失败中他都发挥了作用或负有责任。

> 我最终成为首席工程师和首席设计师的原因,不是因为我想担任这些职务,而是因为我招不到人。没有高才加入,所以我便只能自己一肩挑了。我搞砸了前三次的发射。前三次发射都失败了。幸运的是,第四次发射成功了。这次发射也花光了我们为猎鹰1号准备的最后一笔资金,如果失败了,SpaceX 也就完蛋了。

猎鹰1号第四次发射的成功让马斯克和其出色的团队成员喜极而泣,但财务问题仍在。事实上,如果说有什么不同的话,那便是它变得更加严峻了。特斯拉和 SpaceX 都快没钱了。现在,马斯克需要做出他从商生涯中最艰难的决策之一。2018年3月,他在西南偏南音乐节(SXSW)的一次采访中描述了这一困境。

> 2008年是残酷的一年。2008年,SpaceX 的猎鹰1号连续三次发射失败。特斯拉也濒临破产。我们在2008年平安夜当天的下午六点完成了融资。这是

最后一天的最后一个小时，如果没有融资成功，我们就会在圣诞节后的第三天破产。而我也离婚了，屋漏偏逢连夜雨啊！……但是 SpaceX 侥幸活了下来，特斯拉也是如此。如果事情出现一点偏差，这两家公司都可能会倒闭。我极其艰难的抉择之一，是在 2008 年做出的。2008 年，我仅剩下三四千万美元了。我有两个选择：我可以把所有资金都投到一家公司，那另一家公司一定会倒闭，也可以在两家公司间分割这笔资金。但如果两家公司分割这笔资金，那两家公司都可能会倒闭。当你花费心血创建和打造某些东西时，它对你而言就像自己的孩子。所以，应该怎么选呢？我要让另一家公司因资金短缺而倒闭吗？我无法做出这样的选择，所以，我将这笔资金分给了两家公司。

做出决策后，马斯克必须要设法改变当前的财务状况，努力从各种可能的渠道注入和筹集资金（详见第四章）。如前所述，特斯拉是在最后一刻获救的，就在公司资金耗尽的几个小时之前。SpaceX 也在最后一刻得到了喘息的机会，2008 年 12 月 23 日，SpaceX 拿到了 NASA 的商业再补给服务（CRS）合同。合同规定，自签署之日起至 2016 年，SpaceX 要完成

12 次国际空间站（ISS）的物资运输任务，而 SpaceX 也将因此获得 16 亿美元的收益。

虽然 SpaceX 活了下来，但在接下来的数年里，它一直都在应对各种财务问题。此外，该公司还拿到了一份重要的政府合同。这份合同是其展现自身能力的试验场，也是其拿下更多商业合同的敲门砖。马斯克已用行动向诋毁者做出了有力证明，在毁灭性的经济衰退中，他凭借自己坚毅的性格和商业智慧将两家大公司从破产的边缘拉了回来。

SpaceX 的胜利

如果快速回顾 SpaceX 从 2008 年年底到当前的相关新闻，会发现其命运已经发生了翻天覆地的变化。2018 年，在濒临破产的 10 年后，该公司收到了大约 20 亿美元的发射收入，占全球航空产业收入的四分之一，公司估值也达到了 520 亿美元。到 2021 年 10 月，该公司已真正达到了逃逸速度，市值也达到了 1000 亿美元，估值已经超过航空航天业的巨头洛克希德·马丁公司（Lockheed Martin）。如今，它已经成为世界上规模最大、最活跃、最有影响力的航天公司之一。而且它仍是一家私人企业。马斯克坚决拒绝公司上市，不愿将掌控公司方向和投资的权利让渡给各位股东。

第三章 SpaceX

埃隆·马斯克在太空、能源和电动汽车方面的巨大创新，引起了政府高层的关注。上图为 2010 年 4 月 15 日，美国总统巴拉克·奥巴马（Barack Obama）在马斯克的带领下参观了 SpaceX 位于佛罗里达卡纳维拉尔角空军基地（Cape Canaveral Air Force Station）的商业火箭加工厂

  SpaceX 从 2008 年到现在的技术进步和商业发展本身就可以写成一本书（参考文献中列出了相关书目），但了解一些里程碑事件，有助于我们了解马斯克领导下的 SpaceX 的惊人发展过程。2009 年 7 月，SpaceX 打造的猎鹰 1 号火箭进行了第五次成功发射，也是其最后一次发射。之后，该公司的研发重点转向了猎鹰 9 号火箭，这款火箭将用于履行 NASA 的商业再补给服务合同。NASA 还同 SpaceX 签署了商业轨道运输服务（COTS）协议，商业轨道运输服务项目侧重支持私企研

发能够向国际空间站运送人员和物资的运载工具。这些合同将使用 SpaceX 的龙号飞船落实（也称第一代龙号飞船和载物龙号飞船），该飞船是一种可部分重复使用的载物飞船，能将 6000 千克的物资送到国际空间站或类似的未来目的地，还可将 3000 千克的有效载荷带回地球。2010 年 12 月，龙号飞船搭乘猎鹰 9 号火箭成功进行了首次轨道飞行任务。2012 年 5 月 22 日，该飞船再次发射升空，开启了为期 9 天的国际空间站对接任务，并顺利完成了所有任务。这不仅是美国航天飞机计划后，美国太空飞行器首次访问国际空间站，也是商业航天器首次与其他航天器对接。随着时间的推移，龙号飞船的功能进一步完善，逐渐衍生出第二代，这款龙号飞船有两个版本：载人龙号飞船（Crew Dragon）可搭载 7 名人类乘客在地球与地球轨道，甚至更远的地方间往返，而载物龙号飞船（Cargo Dragon）是第一代龙号飞船的改进款。另一款旗舰版龙号飞船是 2020 年 5 月发射的载物龙号飞船 Demo-2。这款飞船将两位 NASA 宇航员道格·赫尔利（Doug Hurley）和鲍勃·本肯（Bob Behnken）带入预定轨道，并送到了国际空间站。这又是一个"第一次"，即自 2011 年最后一次航天飞机飞行任务后，首次从美国发射的载人轨道航天飞行。

时至今日，龙号飞船仍在服役，截至 2022 年 4 月 9 日，它已经发射了 33 次，与国际空间站进行了 29 次对接。

在Demo-1发射任务前，在佛罗里达肯尼迪航天中心参观的埃隆·马斯克正在与NASA宇航员鲍勃·本肯交谈。Demo-1飞行任务于美国东部时间2019年3月2日凌晨2点49分发射升空，这一创举是NASA商业载人航天计划（Commercial Crew Program）的目标之一，这也是商业建造和运营的美国载人航天器和空间系统的首次发射升空

  2014年是SpaceX在商业扩展和技术发展方面取得重要进展的一年。在这一年，SpaceX拿到了全球公开竞标的20份商业发射合同中的9份。SpaceX从中分到的这杯羹彻底颠覆了全球航天产业原来的格局。作为世界首家商业发射服务提供商，成立于1980年的法国知名企业亚利安太空公司（Arianespace）也拿下了9份合同，但鉴于该公司悠久的历史和稳固的地位，其拿下的合同数量并未高于SpaceX本身就是一件令人沮丧的事情。2006年成立的美国联合发射联盟（United Launch Alliance，ULA）因此受到的影响尤其大。ULA是洛克希德·马丁空间系统公司和波音空间防务与安全部门

（Boeing Defense, Space & Security）创立的合资企业，与实际情况不符的是这家新企业垄断着美国的发射服务，为此，在2005年ULA筹备期间，SpaceX起诉了ULA。然而在2014年，ULA仅拿到了1份合同，是为轨道科学公司的天鹅座空间站提供货运服务。SpaceX从根本上打破了ULA对美国太空发射业务的垄断，两家公司的商战一直延续至今，而现在SpaceX在竞争中占据了上风。同样是在2014年，SpaceX获得了NASA的商业乘员运输能力（Commercial Crew Transportation Capability，CCtCap）合同，证明了其向国际空间站运送宇航员的能力。

凭借对现有运载火箭的完善以及新型运载火箭的研发，SpaceX仍然是拥有高超发射能力方面的领军者。马斯克运营的关键点在于对运载火箭的重复利用，并以此实现成本效益。纵观历史会发现，运载火箭的大部分组件，如主运载火箭的推力结构和推进剂罐体都是一次性消耗品。借助猎鹰9号运载火箭，SpaceX实现了对部分配件的重复使用，第一级火箭会返回地球，可在路基地点或无人驾驶着陆船（ASDS）上实现可预测、可视化的垂直降落，无人驾驶着陆船本质上是装载平直甲板的远洋机械船，旨在为返回的火箭提供安全稳定的海上着陆点。无人驾驶着陆船本身就是技术和航天领域的一场革命。马斯克对这些船只的命名——"只要阅读说明书（Ⅱ）号"（Just Read the Instructions Ⅱ）、"不够庄重号"

（A Shortfall of Gravitas）和"我当然还爱着你号"（Of Course I Still Love You）——很大程度上体现了他对科幻小说的喜爱，这些名字都源自伊恩·M. 班克斯（Iain M. Banks）的《文明》（Culture）系列科幻小说中的宇宙飞船名称。2021 年 12 月 21 日，SpaceX 在官方推特中宣布："猎鹰 9 号的第一节火箭已在'只要阅读说明书号'无人驾驶船着陆，这也是轨道级火箭助推器第 100 次成功着陆！"这意味着火箭的重复使用已经成为 SpaceX 业务中一项非常成熟的航空技术。

为了拥有最全面的有效载荷能力，SpaceX 还研发了"重型猎鹰"运载火箭（Falcon Heavy）。SpaceX 网站记录了这个巨大动力装置的超强能力，远超市场上现有的设备。

"重型猎鹰"运载火箭是世界上现役火箭中推力最大的装置，是普通火箭推力的两倍。"重型猎鹰"运载火箭的轨道运载能力接近 64 吨，是排名第二的德尔塔 IV 型重型火箭（Delta IV Heavy）运载能力的两倍多。"重型猎鹰"运载火箭搭载了三组猎鹰 9 号的九引擎核心，这 27 台默林引擎可在发射时产生 500 多万磅❶的

---

❶ 1 磅约为 0.45 千克。

推力，大约相当于 18 架 747 飞机的推力。

SpaceX 再一次在太空竞赛中占据了主动地位。"重型猎鹰"运载火箭的首航也有自己独有的特征，这充分说明了马斯克对传统主义的独特挑战，也彰显了他强烈的幽默感。2017 年 3 月，一位名为卡多佐的推特用户在推特上问马斯克，"重型猎鹰"运载火箭首航的测试载荷是什么。马斯克神秘地回答道："我们能想到的最愚蠢的东西！龙号飞船首航的秘密载荷是一个巨大的车轮状奶酪。灵感源自一个朋友和巨蟒戏

埃隆·马斯克的特斯拉 Roadster 划过地球，驾驶位上是穿着 SpaceX 宇航服的"星侠（Starman）"人体模型，这可能是营销史上最伟大的一幕。这辆车便是 2018 年 2 月"重型猎鹰"运载火箭试飞的虚拟载荷

剧团（Monty Python）。"随后马斯克在 12 月 2 日的另一条推文中揭秘了这个神秘的载荷。至少可以说，这个载荷有些让人出乎意料："载荷是我播放着《太空怪谈》（Space Oddity）的午夜樱桃红底色的特斯拉 Roadster 汽车。目的地是火星轨道。如果火箭未在发射过程中爆炸，那这辆车将会在外太空待上 10 亿年左右。"

"重型猎鹰"运载火箭和营销魔法

2018 年 2 月 6 日，"重型猎鹰"运载火箭从肯尼迪航天中心的 39A 发射台发射升空，有效载荷适配器上装载了马斯克的特斯拉 Roadster，第二级火箭最终将这台 Roadster 送入了日心轨道。让这一幕更荒谬的是，一名穿着 SpaceX 航天服的模型宇航员若无其事地坐在驾驶位上，左肘搁在车窗沿上，就像这位宇航员在进行一次休闲的周末星际游一样，人们称他为"星侠"。为了致敬大卫·鲍伊（David Bowie），跑车的音响系统循环播放着《太空怪谈》和《火星生活》（Life on Mars）。手套盒里放着一本《银河系漫游指南》，仪表板上还有一个源自该书的标语："别慌！"

如果有什么东西说"我能做我想做的事"，那太空中的这台 Roadster 一定是终极表达。航天器的摄像机传回了一些非同寻常的画面，包括一些静止画面和视频，画面以地球为背景，展示的是一位宇航员正在驾驶特斯拉 Roadster。有些人认为这是对太空飞行的不尊重。事实上，将本质上不过是汽车垃圾的东西送入太空，确实招来了一些科学界和学术界的批评。但这是一部营销杰作，收获了世界营销媒体的一片称赞。其中一篇分析文章的题目是"先有广告与市场营销，再有埃隆·马斯克"[1]，SpaceX 这一惊人举动收获了世界各地广告商的敬畏，太空中的这次宣传，不仅彰显了 SpaceX，也不费吹灰之力地让 Roadster 的形象通过媒体在全球实现了病毒式传播，马斯克此举所展现的智慧也令众人折服。本书将在下一章详细介绍马斯克的营销经历，马斯克用年轻乐观的态度和胜利者的口吻回击了对自己的批评："生活不能只是解决一个又一个悲伤的问题。你需要一些能激励你的东西，这会让你每天早晨开心地醒来，让你觉得生而为人很美好。这就是我们做这件事的原因，为了你们。"[2]

在后续西南偏南音乐节的问答环节，马斯克进一步深化了这一理念，他解释道，特斯拉的太空汽车不仅是噱头，也

---

[1] 马克·沃克（Mark Wnek），摘自 2018 年 2 月 8 日《广告时代》（Ad Age）。

[2] 摘自 2018 年 3 月 11 日的推文。

是一个鼓励人类再次昂首向前的工具："我们真的想激发公众的好奇心，激起他们对太空新事物的好奇心，以及对推动太空前沿技术的激情。这样做的目的就是激励他们，让他们再次相信一切皆有可能，就像阿波罗时代的人相信的那样。"

星链和 SpaceX 的商业崛起

2015 年 1 月在华盛顿雷德蒙德（Redmond）新研发设施的开幕式上，SpaceX 宣布将启动星链卫星互联网星座计划（Starlink satellite internet constellation programme）。马斯克似乎从 21 世纪初便在脑海中酝酿将互联网拓展到太空，但《华尔街日报》（Wall Street Journal）2014 年 11 月的一篇文章称，马斯克和科技创业者格雷·惠勒（Grey Wyler）当时正在讨论建立一个名为 WorldVu 的通信卫星群，虽然这个想法并没有进一步发展。

相比之下，旨在满足全球互联网宽带功能需求的"星链"计划更富有远见，特别是对那些互联网连接受限地区而言。尽管马斯克的工程团队已开始研发卫星和价格合理的终端用户设备，但 SpaceX 还是需要先跨越部署卫星的大量监管障碍，如美国联邦通信委员会（Federal Communications Commission，FCC）的一些挑战性要求。由于 SpaceX 计划的高端性，截至

2017年3月，其已向美国联邦通信委员会提交了要在两个不同的低地轨道或超低地轨道上部署11943颗卫星的计划。而这仅仅只是开始，该计划最终将发射数万颗星链卫星。

2018年2月22日，SpaceX成功发射和部署了两颗星链测试卫星——丁丁A（Tintin A）和丁丁B（Tintin B）。2019年5月24日，SpaceX发射了60颗"服役"卫星，用于测试网络技术。穿过夜空，从地球上拍摄到的这些卫星的照片收获了公众的关注，黑暗的夜空中，它们形成了一条可见的光链。2019年10月22日，埃隆·马斯克发布了以下推文："本条推文通过太空中的'星链'卫星发送。"11月11日，另外60多颗卫星发射升空，这次发射对SpaceX来说已经驾轻就熟了。从那时起，"星链"卫星便保持着稳定的发射频次，在2018年2月至2022年期间，SpaceX共发射了2091颗卫星。与SpaceX的大部分项目一样，卫星的实际生产基本上都是在公司内部进行的。SpaceX的副总裁乔纳森·霍费勒（Jonathan Hofeller）在华盛顿特区举办的2020年卫星大会（Satellite 2020 Conference）上表示，该公司每天可以制造6颗卫星，这一惊人的数字意味着很大一部分轨道空间都将由SpaceX主导。

通过本书对SpaceX发展时间脉络进行梳理，发现自2008年的危机后，该公司一直在平稳发展，并最终实现了稳定和成功的双丰收。事实上，马斯克和SpaceX经历了一段非常艰苦的岁月，一些重要技术反反复复遭受挫折。从本质上讲，航天是物理和技术之间的一场极具挑战性的较量，而SpaceX并不总是能逢凶化吉。例如，2015年6月，执行SpaceX第7次国际空间站补给任务的CRS-7在飞行两分钟后就爆炸了；在2016年9月，另一艘猎鹰9号也炸毁了，这次是在地面筹备静态测试时发生了爆炸，爆炸还摧毁了客户价值2亿美元的通信卫星。

虽然挫折重重，但SpaceX还是掌握了成功的规律，通过融资担保和商业合同的搭配使用实现了财务安全。首批重要外部投资之一来自NASA对商业轨道运输服务的投资，总价值2.78亿美元。在2012年年中，SpaceX首次飞往国际空间站后，该公司的私募股权估值已经攀升至24亿美元。而在2015年1月，该公司以8.33%的股票从谷歌和富达（Fidelity）又融资了10亿美元。2017年7月，该公司又筹集了3.5亿美元。在2018年，该公司进行了100多次发射，获得了大约120亿美元的合同收入。在2020年8月的另一轮融资中，该公司又筹集了19亿美元。在2021年2月，SpaceX又筹集了16.1亿美元。

很明显，投资者已经意识到航天领域的未来在很大程度上会由SpaceX以及它雄心勃勃的领导者主导。到2021年10月，该公司估值达到了1003亿美元。当然，公司财务实力的提升，也将马斯克的个人财富推到了新的高度。2019年的媒

2019年4月15日，埃隆·马斯克向北美防空司令部（North American Aerospace Defense Command）、美国北方司令部（US Northern Command）和美国空军航天司令部（Air Force Space Command）的高层介绍SpaceX星舰的未来性能。马斯克在航天领域的革命性节约措施，已经引发了政府机构的高度关注

体数据显示，马斯克持有该公司 54% 的股权，以及 76% 的投票权。随着特斯拉的飞速发展，再加上马斯克其他投资和公司的强劲表现，2022 年《福布斯》正式宣布马斯克成为世界首富（参见第五章）。

访月星舰和火星星舰

SpaceX 的旅程始于埃隆·马斯克的"火星绿洲"愿景。虽然为了创建和经营这家羽翼未丰的太空公司，他做出了一些务实的调整，但马斯克在未来为人类提供星际选择的渴望从未减弱，除了猎鹰 1 号、猎鹰 9 号和载人龙号飞船项目外，他还有更伟大的计划。

2005 年 11 月 11 日至 13 日，马斯克出席了伊利诺伊大学厄巴纳 - 香槟分校（University of Illinois Urbana-Champaign）举办的学生太空探索与发展（SEDS）年会 SpaceVision2005。在这次会议上，他透露了比几周后发射的猎鹰 1 号更大的太空火箭计划。马斯克还简单介绍了建造新型引擎的计划，这种引擎比猎鹰 1 号、猎鹰 5 号和猎鹰 9 号上的默林 1 号引擎更加强劲。一位懂行的观众就得克萨斯州引擎工厂的超大型测试台（SpaceX 称其为"BFTS"）向马斯克进行了提问，并指出该测试台的规模意味着其要消耗几乎五倍于猎鹰 9 号一级火箭的推力。马斯克以自己对"默林2号"的规划回答了这个问题,默林2号将是一款能提升极限有效载荷的巨型引擎。他在会议上说,会将多个默林2号用于研发他戏称的"BFR"火箭,其中"B"代表"大型","R"代表"火箭"。借助这些信息,"BFTS"的含义也就不言自明了。马斯克透露默林2号的长期研发重点是月球和火星探索,不过他也承认"这款火箭的资金来源还没确定"。

虽然BFR最初的想法比较粗略,却逐渐在马斯克的脑海和研发绘图板上变得清晰起来。2007年,马斯克接受了《连线》(Wired)杂志的采访。随后,卡尔·霍夫曼(Carl Hoffman)在5月22日发表了名为《埃隆·马斯克正在将自己的财富押到地球轨道之外的飞行任务上》(Elon Musk Is Betting His Fortune on a Mission Beyond Earth's Orbit)的文章。在这个采访中,马斯克回应了约翰·派克(John Pike)的论点,派克是全球安全网站(GlobalSecurity.org)的太空分析师,他对马斯克认为自己可以将有效载荷低成本(每磅10000美元)送入低地轨道的基本财务预算提出了质疑。马斯克热情而又轻蔑地回应道:"如果我的火箭无法做到比现在的好1000倍的话,也要比现在的好100倍。我们的最终目标是使人类成为一个多星球物种。30年后,我们会在月球和火星上拥有基地,人们会搭乘SpaceX火箭在这些基地和地球间往返。"

在随后的几年里，关于马斯克如何应对这些挑战的更多暗示和细节逐渐浮出水面，SpaceX 逐渐成为一家备受推崇的航天企业，这一事实也让人们更加相信这一点。到 21 世纪 10 年代，马斯克已经成为一名严谨的太空工程师，他提升了太空飞行的频次和可能性，同时还降低了飞行成本。2016 年 9 月，马斯克在 SpaceX 做了一场题为《让人类成为多星球物种》（Making Humans a Multiplanetary Species）的长篇演讲。这个标题本身信息量就很大，观众们不会失望的。

马斯克以一个简单问题开启了演讲："那么，我们要如何搞清楚怎样才能将人类带到火星，并创建一个自给自足的城市，一个不仅是前哨站，而是一个可能独立成为星球的城市？这样我们才可以成为真正的多星球物种。"接下来，他通过一系列的幻灯片演示，从科学角度论证了火星是太空移民的主要目标，并通过对照表将地球和火星的属性进行了对比。在其展示的表格最后一行的"人口数量"一栏中，地球的人口数量为"70 亿"，而火星的人口则为"0"。通过火星数据我们应当看到定居火星的潜力，而不是向现实屈服。

随后，马斯克开始计算火星移民的经济账。历史上，太空飞行的费用高昂，所以这是该演讲非常重要的一个方面。他该如何在没有耗尽全部资产的情况下，实现这一点呢？马斯克解释说，如果使用阿波罗时代的技术进行火星旅行，各个层面的费用确实都比较高昂，每人大约要花费 100 亿美元。以这样的价格让大量人口从地球移民到火星是根本不可能的。马斯克随后彻底转变了这种概念框架。他辩称自己想将移民火星的人均成本降低到美国房价的中位，即 20 万美元左右。只有这样，火星移民才有可能创造真正的外星文明，以后决定移民火星就跟决定搬家或在事业中做出重要改变一样。

鉴于两个成本模型——100 亿美元和 20 万美元——间的巨大差异，很明显马斯克的设想需要一些证据支持。马斯克主张将火星移民的每吨成本降低 5 万倍，第 13 张幻灯片列出了实现这一目标所需的 4 大关键技术进步：

1. 实现 100% 的可重用性。
2. 实现在轨补给。
3. 利用火星资源制造火箭返程助推剂。
4. 找到合适的推进剂。

所有认为马斯克是异想天开的指责，都在演讲的后续部分遭到了驳斥。在接下来的演讲中，他解释了实现每个要点背后的物理原理、现有理论和技术。

该演讲最终展示了"系统架构"：执行火星飞行任务的具体细节和各类航天器，这些航天器将进行为期数月的史诗旅程，最终抵达火星。简单来说，就是从地球发射火星飞船，巨大的助推火箭会将飞船送入太空。而分离后，助推器会返回地球，并按照指令进行自主着陆，以便在后续发射中重复使用。在进入太空的旅程开始时，飞船会与空中加油机对接，在真空的太空环境中进行能源补给。在演讲的前半部分，马斯克解释道："不在轨进行能源补给的话，就需要配备一个5~10倍大小和造价的三级火箭"，并且"还要将所需的推动力分散到多次发射中，此举大幅降低了研发成本，提升了研发进度"。补给之后，空中加油机会返回地球，而火星飞船才真正开始飞往火星的旅程——这一穿越太空的史诗旅程需要7~9个月的时间，穿越大约4.8亿千米的距离。飞船最终会垂直降落在火星上，再卸下乘客和载荷。返程的推进剂将在火星上生产，原料也开采自火星。马斯克在幻灯片中解释道："携带的返程推进剂质量是离开地球时的5倍左右。"时机成熟时，飞船就会返回地球，并迅速掉头为下次飞行做好准备。可重复使用的总体愿景包括：每个助推器使用1000次，每个空中加油机使用100次，每艘飞船使用12次。

马斯克火星理想的细节直指其工程方法的核心，尤其是第6章详细概述的"第一性原理"推理。演讲开始时，马斯克展示了一些神秘的火星图片，并以虔诚的口吻介绍了将来人类住在那里的可能性。他当时的介绍几乎让人梦回20世纪 50 年代令人难以置信的星际旅行梦，他的介绍更像是重温《星际迷航》(Star Trek)，而不是介绍 SpaceX。然而，马斯克在演讲不到一半时，便已经勾勒出一个非常可信的前景，一个可以在不久的将来就能实现的前景。在马斯克看来，如果核心原则和技术逻辑在最小增量中适用，那将该逻辑扩展到宏大的规模中也同样能适用。显而易见，他的终极设想确实融入了科幻元素：

> 随着时间的推移，我们最终会有超千艘，或更多的飞船停泊在轨道上。所以火星移民舰队（Mars Colonial Fleet）会集体启航，就像《太空堡垒卡拉狄加》(Battlestar Galactica) 描绘的那样……但实际上，将飞船送入轨道是可行的，因为你有两年的时间来完成这些计划[1]。

当马斯克最终揭幕其雄心勃勃的工具时，观众席响起了一阵赞许的掌声，当时这个工具还被称为"火星飞船"（Mars Vehicle）。这是一个巨大的配套组件图形，助推器和飞船的组合高度高达 122 米，甚至比执行阿波罗飞行任务的"土

---

[1] 大约每 26 个月，前往火星的轨道集合就会出现一次。

星 5 号"（Saturn V）的 111 米还要高。飞船的每一项数据都超越了历史数据：10500 吨的发射质量（土星 5 号发射质量为 3039 吨）；13033 吨的发射推力（土星 5 号的发射推力为 3579 吨）；可消耗的低地轨道载荷为 550 吨（土星 5 号的载荷为 135 吨）。显然，马斯克想将火星飞船打造成下一阶段太空探索发展的代表航天器。马斯克反思了这一设计，但也明确表示，这只是发展阶梯的第一步。

> 这是个非常大的家伙。有趣的是，从长远来看，这些飞船可能会比现在预想的更大。与未来的火星际飞船相比，这种飞船反而是尺寸较小的。之所以需要这么大的尺寸，是为了在加压区容纳 100 位乘客和他们所携带的行李。此外，我们还要在非加压区运载大量货物，这些非加压区的货物包括建造推进剂工厂和建造从铸铁厂到比萨店所需的一切，只要你能想到的，我们都要运载。

这款火星飞船最终收获了一个合适的名称——"星舰"。在 2015 年的演讲中，幻灯片还展示了一张甘特图，该图展示了火星任务的计划时间表。2019 年完成主要技术的研发，2019 年到 2022 年年末进行助推器和轨道测试，并在 2022 年的后几个月开启火星飞行。但事实上这些安排不得不根据实际情况做出调整。2019 年，在一个棘手的商业决策后，星舰的实际研发工作在佛罗里达州和得克萨斯州开启。2019 年 1 月，SpaceX 宣布为了保障星链和星舰联合研发拥有足够的资金支持，公司将被迫将 6000 多名员工裁减了 10%。公司新闻稿称："为了继续为我们的客户提供服务，并成功研发星际飞船和全球太空互联网，SpaceX 必须在人员上进行精简。即使单独尝试这些研发中的任何一项，都会使其他组织机构破产。这意味着，我们将不得不与一些勤奋能干的团队成员分道扬镳。"星舰的研发过程还会产生其他重大的连锁反应。2022 年 3 月，SpaceX 宣布将停止载人龙号飞船的生产，将未来的工作重点转向星舰的研发。

在马斯克的有生之年，星舰大概率是其太空计划的巅峰之作。SpaceX 官网自豪地介绍了这艘飞船："SpaceX 的星舰飞船和超重型运载火箭（统称为'星舰'）是一种可完全重复使用的运输系统，旨在将宇航员和货物送到近地轨道、月球、火星或更远的地方。星舰将成为世界上有史以来最强劲的运载火箭，能够将超过 100 吨的载荷送到近地轨道。"自该愿景 2015 年诞生以来，星舰的规格已经发生了改变，虽然只是一些细微的变化，但它仍是从地球发射的最强劲的火箭，拥有最强大的载荷能力。自 2019 年以来，这个项目已经从一系列的静态或短程发射演变至亚轨道发射，已在发射过程中损毁了好几个原型机。但在 2021 年 5 月 5 日，星舰 SN15 在得克萨斯州的星际基地成功完成了首次高空测试。星舰并不只是服务于火星计划。2021 年 4 月，NASA 宣布，作为其阿尔忒弥斯计划（Artemis Programme）的一部分，SpaceX 及其星舰已获准"继续研发首个商业载人着陆器，该着陆器随后会将两名宇航员送到月球表面"。2022 年 11 月 15 日——阿尔忒弥斯 1 号（Artemis 1）首次执行无人月球轨道任务的前一天，NASA 宣布给了"SpaceX 一份修订合同，让其进一步研发满

尽管 SpaceX 取得了成功，但是通往太空的这条路对马斯克而言，并非一条坦途。照片中，他在查看星舰 SN8 的残骸，这架火箭于 2020 年 12 月在得克萨斯州博卡奇卡（Boca Chica）着陆时爆炸了

足阿尔忒弥斯长期人类探月计划需要的星舰载人着陆系统"。针对这一补充内容，SpaceX将在2027年进行第二次载人着陆演示任务，这也是NASA阿尔忒弥斯4号（Artemis IV）任务的一部分。

在2022年11月，本书撰写期间，世界媒体都在期待着星舰火箭即将进行的首次轨道飞行，不过SpaceX还需要进行一系列的测试才能获得美国联邦航空管理局（US Federal Aviation Administration）的飞行任务许可证。这次任务兼具象征意义和实际意义，是马斯克太空探索原始愿景的一块关键拼图，但并不是唯一的一块。SpaceX 2022年的成就是，在国际空间站工作了170天的Crew-4宇航员搭乘龙号飞船成功返回了地球。这次返航与执行Crew-5飞行任务的龙号飞船发射相继进行，Crew-5飞行任务于2022年10月5日在佛罗里达州肯尼迪航天中心发射升空，4名宇航员在大约29小时后抵达国际空间站。由SpaceX的新闻通稿可知，这些宇航员将在"完成200多项科技演示"后，于2023年年初返航。

在人类太空探索的背景下，SpaceX的卫星发射计划有增无减。在2022年2月俄乌战争爆发后，星链的战略重要性得以彰显。随着大部分数字基础设施在战争中被损毁和瓦解，乌克兰的通信基本要依靠星链网络来维持，到2022年11月，该国已经安装了25000多台终端设备。这笔资金的绝大部分由SpaceX直接承担，基本上是作为人道主义资金拨付的。这一决定在2022年夏天引发了一些外交问题和政治风波，SpaceX和美国政府就在可预见的未来对由谁来承担星链后续费用问题发生了争执。在乌克兰星链服务暂时中断后，马斯克于2022年10月7日发布了一条推文，声称到2022年年底，星链计划将会花费SpaceX 1亿美元，但他承诺将会继续为该计划提供支持。

通过多角度剖析SpaceX的远大抱负，我们认识到埃隆·马斯克不仅仅是历史上最伟大的企业家之一，他的影响力越来越大，在一定程度上会给未来的全球事务和人类事业带来巨大变革，但目前他仍然需要继续努力去实现自己的理想，沿着预定轨迹走下去。

ELON MUSK

第四章
特斯拉和推特宇宙

第四章
特斯拉和推特宇宙

电动汽车（Evs）并不是什么新事物，拥有久远的历史。事实上，电动汽车的历史同电力供应和汽车一样久远。研发以电池为动力的电动汽车的想法最早出现在 19 世纪早期。英国发明家罗伯特·安德森（Robert Anderson）在 1832 年到 1839 年间，组装了一台三轮"电动车"。该车由一次性的铅酸电池提供动力，可以以 12 千米/时的速度平稳行驶。然而，直到 21 世纪下半叶，电动汽车才开始大规模地批量生产。1881 年，法国人古斯塔夫·特鲁夫（Gustave Trouve）推出了他的"特鲁夫三轮车"（Trouve Tricycle）。这也是一款电动三轮车，装配了两个驱动引擎，由多个互相连接的铅酸电池供电，最高时速可达 18 千米，续航里程 26 千米。德国科堡（Coburg）A. Flocken 机械公司自 1888 年开始生产四轮福劳肯电动汽车（Flocken Elektrowagen），很多人认为这是第一辆真正意义上的电动汽车。1898 年，比利时"永不满足"（La Jamais Contente）电动车面世，这款车本质上就是一个四轮的金属鱼雷，驾驶员坐在车里十分显眼，时速高达 105.882 千米，是当时世界陆地最快行驶速度纪录的保持者。

19世纪80年代末和90年代，在苏格兰裔化学家兼发明家威廉·莫里森（William Morrison）的努力下，电动汽车首次在美国亮相。莫里森致力于研发更加高效的蓄电池，他的研究推动了一款自推进演示电动车的诞生，这款车装载了24块他研发的电池，最多可搭载12名乘客，时速最高可达32千米。这款车只生产了12辆，但这个想法很令人心动。到1900年，美国38%的机动车都是电动的（相比之下，以蒸汽为动力的车占比40%，以汽油为燃料的汽车占比22%）。纽约市还有一支由60辆电动出租车组成的车队。甚至保时捷（Porsche）和亨利·福特（Henry Ford）这样的汽车公司，都开始研发电动汽车。

20世纪早期的电动汽车在很多方面都优于新兴的内燃发动机汽车。但正如历史发展的那样，内燃发动机最终胜出了。1908年亨利·福特推出量产的Model T，同时全球石油开采不断扩张，汽油动力车凭借更加优惠的价格、便捷的使用和简单的操作成了大众的优先选择。21世纪，全球汽油动力汽车的数量已经超过了10亿辆。

然而，这种趋势从20世纪六七十年代开始回落。中东主要产油国的冲突引发了全球石油危机，这也迫使世界正视对化石燃料车辆的依赖性，并重新思考电动汽车的可行性。20

世纪 70 年代，通用汽车（General Motors，GM），和美国汽车公司（AMC）都生产过原型电动汽车，或小批量生产过电动汽车，但电动汽车的核心问题——续航能力不足，仍然没有解决，这便意味着这些车辆仅仅是某一理念的试验品。然而，在 20 世纪的八九十年代，随着政府环保意识的提高，一些国家（包括美国在内）相继出台了关于能源和清洁空气的法案，电动汽车的理念与工程电网又重新衔接了起来。通用汽车设计研发了 EV1 电动汽车，并在 1996 年至 1999 年进行了批量生产。该车的续航里程为 128 千米，仅需 8 秒即可将速度提升至 80 千米/时。一般电动汽车的扭矩都大于汽油动力汽车的扭矩，所以电动汽车通常都有极佳的加速度。电池技术也在不断改进。1997 年，日本丰田汽车公司（Toyota）推出了混合动力汽车普锐斯（Prius），该车由镍氢电池提供动力。与世界首款批量生产的电动汽车——昙花一现的 EV1 电动汽车相比，普锐斯取得了巨大的成功：截至 2017 年，该车销量已超过 610 万辆。但此时电动汽车市场出现了一个强劲的新对手，它在 2022 年成为电动汽车行业的真正巨头，市值超过 1 万亿美元，占全球电池电动汽车市场的 23%，即使与世界几大汽车制造商相比，也可凭借出色的利润率成为首屈一指的电动汽车销售商。这家公司就是成立于 2003 年，由埃隆·马斯克任首席执行官的特斯拉。

马斯克及其电动汽车的使命

电动汽车体现了马斯克世界观的两个核心理念：能源和环保主义。马斯克对电能领域创新的迷恋由来已久，还记得他在青少年时期对所有超级电容器的迷恋吗？这种知识兴趣与其对地球环境脆弱性的日益关注息息相关，他基于研究课题建立了一个世界一流的公司。

当然，马斯克是一个关注气候变化的实业家。在许多演讲和著作中，他都非常支持人类行为导致气候变化的科学论点。他认为人为的气候变化即使不会对人类整体造成威胁，至少也会对地球上数亿居民的生活方式构成威胁，特别是生活在海岸线上或海岸线附近那 40% 的人口，这些地方最容易受到海平面上升的影响。化石燃料则是这个问题的核心。

> 我知道，世界上肯定有很多重要问题。这不是唯一重要的问题，但我认为，如果我们不解决它，那它将会给人类带来极大的负面影响。总的来说，我们要怎么做才能解决气候危机？我们可以采取哪些措施才能加快从化石燃料时代转型的进程？

马斯克已经建立了世界上最大的汽车公司之一，他非常了解化石燃料的消耗和空气质量下降之间的关系。因此，他对电动汽车的兴趣与对太空探索的追求有着相似之处——两者的技术进步不仅仅展现了他的工程探索欲和企业家的追求精神，更是人类未来的重要组成部分。马斯克希望走在这两个领域的最前沿。

不过，马斯克对电动汽车的兴趣远远比不上对太空探索的兴趣，可能是因为化石燃料危机还可通过另一种方式解决，即少驾驶私家车，多乘坐公共交通工具，但马斯克对这种政策措施并没有什么兴趣。2017年12月，在加利福尼亚州长滩（Long Beach）举办的神经信息处理系统大会（Neural Information Processing Systems Conference）的一次活动中，马斯克清楚地表达了自己对公共交通的看法。

> 我认为乘坐公共交通很痛苦，体验很糟糕。你为什么会想和很多陌生人搭乘一辆交通工具呢？这个交通工具无法从你想要离开的地方离开，也不会在你想要出发的地方出发，更不会在你想去的目的地停下。而且，它也不是全天候运行。……真的令人十分痛苦。所以大家都不喜欢公共交通。一群陌生人，其中某个人可能还是连环杀手。好吧，这简直太"棒"了。这就是为什么人们都喜欢私家车，因为它可以让你随时

随地前往自己想去的地方。

所以，公共交通工具已经过时了。相反，马斯克认为解决化石燃料危机有三条主要途径：电池储能、太阳能和电动汽车，并将这些领域纳入了自己商业帝国的版图。这些行业特斯拉公司都曾涉及过，但本章将主要聚焦特斯拉汽车生产商的身份，等到第五章再深入探究太阳能、替代能源、人工智能和马斯克在许多其他领域的探索。

正如我们在本章开篇的数据一览表中所了解到的，特斯拉已经颠覆了原有的汽车制造和销售方法。尽管市场竞争日益激烈，但从很多方面来看，它都是电动汽车的代言人。跟马斯克的大多数企业一样，特斯拉也是源于一个颠覆性的想法，再由工作坊里的一小群人将其付诸实践。特斯拉公司最早的根基，至少生产领域的根基并不是马斯克打下的，但如果没有他的投资、创意、工程探索欲和商业视野，也不可能有今天的电动汽车制造商巨头。他和公司的关系十分密切，特别是在公众眼中。因此，本章还将探索马斯克在广告宣传领域和社交媒体上的作为，所有这些都在特斯拉的发展历史上发挥了重要作用。马斯克也改变了这些领域的工作方式。举个简单的例子，如特斯拉的直接广告投入费用为0，而其他汽车制造商通常要在这方面投入数十亿美元。我们将会分析相应的原因和运作方式，但可以肯定的是，马斯克是一个改变游戏规则的人，一路走来，既有朋友，也有敌人。

创始人

特斯拉共有五位法定创始人，他们是马丁·艾伯哈德（Martin Eberhard）、马克·塔彭宁（Marc Tarpenning）、伊恩·怀特（Ian Wright）、斯特劳贝尔（J.B. Straubel）和埃隆·马斯克。但五位创始人并没有对此名单达成共识。事实上，在2009年6月，特斯拉前任首席执行官艾伯哈德（后被免职）起诉了马斯克，指控他试图"改写历史，将自己彻底从公司创业和发展史中抹除"。马斯克提起了反诉以有力回击。特斯拉公司发言人雷切尔·康拉德（Rachel Konrad）对此进行了毫不留情的回应。

这起诉讼是一场不公平的人身攻击，更重要的是，它扭曲了特斯拉的历史。该起诉对特斯拉创建初期的陈述是杜撰的，它扭曲了事实，信口雌黄，我们希望借此机会可以澄清事实。正如媒体已经详细报道的那样，特斯拉董事会在发现这款车的成本是马丁当时所描述的两倍多后不久，便一致决定解雇马丁。顺便提一下,特斯拉可能会提起反诉,并会在反诉中如实陈述公司的创业历史。

但在 2009 年 9 月,双方就联合创始人达成了法律协议,也就是这份与他们起诉内容完全不同的联合创始人名单。显然,特斯拉的创立史已经变得复杂且充满争议了。

特斯拉诞生于几位杰出人士逐渐志同道合的过程中。马斯克首次真正接触电动汽车,是在同斯特劳贝尔会面时。斯特劳贝尔是马斯克喜欢的那种人:是一名工程师,也是一名勇往直前的发明家,拥有非凡的智商。他毕业于斯坦福大学能源系统和工程专业,这个专业基本上是由他自己开发的。斯特劳贝尔特别关注研发清洁能源车辆的可行性,甚至将一辆破旧的保时捷汽车改造成了电动汽车。该车一度是全球电动汽车最快加速纪录的保持者,随后该车为了延长续航里程还添加了混合动力功能。在斯坦福大学期间,他还同一群志同道合的朋友研发过太阳能车。毕业后,他为地球同步卫星的发明者工程师哈罗德·罗森(Harold Rosen)领导的罗森汽车(Rosen Motors)研发了世界上第一批燃气涡轮和电力的混动车,他还与罗森合作,研发出了全电动飞机。

斯特劳贝尔在 21 世纪初痴迷于锂离子电池应用的可行性研究,与传统类型的电池相比,这款电池具有诸多优势,如能量密度高、自放电率较低、维护要求较低、较高的电池电压和更多的应用功能。20世纪90年代，可充电锂离子电池已在电子行业站稳了脚跟，但斯特劳贝尔和其大学时期太阳能团队的朋友们却开启了一项新研究，即如何将数千个锂离子电池连接起来为汽车运转提供足够的动力。斯特劳贝尔拥有了一个充满创意的设计理念，但还需要10万美元的投资将其变为现实。

这时，马斯克出现了。罗森将斯特劳贝尔介绍给了马斯克，在午饭时，马斯克认可了锂离子电动汽车的可行性，并承诺投资10万美元。斯特劳贝尔还为马斯克引荐了洛杉矶的AC Propulsion公司。该公司创建于1992年，致力于研发电动汽车技术，特别是基于交流电的传动系统，同时为汽车公司提供工程支持。该公司已经研发了一款名为tzero的电动跑车原型，采用了多项创新技术，如反馈制动技术，以及能在4.07秒内将速度提升时速97千米的惊人加速度。他们还在研制一款外形不太华丽的掀背式五门电动汽车eBox。马斯克曾受邀试驾tzero，他很喜欢这款车，也想投资并将其推向市场，但是这一想法并没有什么后续发展。然而，这款车确实激发了马斯克的兴趣，他要建造自己的电动汽车。

与此同时，两名加利福尼亚的工程师也在研发他们自己的锂离子电动汽车。这两位工程师就是马丁·艾伯哈德和马克·塔彭宁。两人既是电器工程师，也是出色的企业家，在他们将目光投向电动汽车行业时，已在合资企业中有所成就。他们两人在 1996 年创建了新媒体公司 NuvoMedia，并通过该公司研发了世界上首台电子阅读器，即 Rocket eBook。Rocket eBook 在 21 世纪前就已退出市场，NuvoMedia 也在 2000 年被美国骏昇电视指南国际公司（Gemstar-TV Guide International）以 1.87 亿美元收购，现在这两位企业家有钱投资其他项目了。

和马斯克一样，艾伯哈德也曾想借助 AC Propulsion 制造电动汽车，但发现这不可行后，他们决定组建自己的公司。公司于 2003 年 7 月 1 日成立，为了纪念传奇的塞尔维亚裔美国工程师和发明家，他们将公司命名为"特斯拉汽车"。

业内

在我们详细介绍特斯拉之前，需要先了解两方面的背景知识，以便更好地理解特斯拉作为一家汽车初创企业将面临的困难，以及迄今为止马斯克和团队为公司和产品所做的一切。几十年来，我们身边出现了很多耳熟能详的汽车品牌，如福特（Ford）、宝马（BMW）、丰田（Toyota）、通用（GM）、捷豹（Jaguar）等。除非只是想做一家小型定制汽车制造商，否则限制这些汽车制造商数量的主要原因在于，汽车市场的资金和产能准入门槛都极高。从最初的概念,通过研发、原型构建、测试,转换成最后的生产设计,研发一款新车的相关行业成本通常在10亿美元到60亿美元之间,具体取决于创新水平和对以往车型的重复利用水平。研发过程需要数百名工程师的参与,很多环节还需要使用价格昂贵的专属设备,这些都伴随着巨大的固定成本损耗。然后便是生产方面,汽车生产涉及庞大的生产工厂、成千上万名的工厂员工、大批机器人、成千上万吨的原材料、无数的零部件和到目的地间的长途运输。某个车型一旦投产,便需要在残酷的竞争市场中赢利,但这个市场极易受到重大经济变革的影响。因制造商和当时市场状况的不同,新车的利润率也有很大差异,但一般都在10%~20%,虽然主要汽车制造商的净利润通常只是个位数,或显示为亏损。

　　这些信息看似简单,但如果想涉足汽车产业,在理想的情况下,你也要有数十亿美元的银行存款、庞大的工程和制造基础设施,以及令人信服的产品。即使规模巨大也无法保证高枕无忧,很多世界顶级汽车制造商都曾启动过破产程序,有些通过重组走出了困境,但许多还是滑向了破产的深渊。然而马斯克却有不同的看法。在2021年3月的一条推文中,他发表了一个深刻的观点:"特斯拉和福特是美国数千家汽车初创企业中仅有的两家没有破产的汽车制造商。制作产品原型很容易，但是真正投产却很难，保持源源不断的现金流更是让人头疼不已。"从马斯克在特斯拉的经历来看，他在各方面的决策都是正确的。

从投资者到首席执行官

考虑到阻碍汽车大规模生产的超高壁垒，艾伯哈德和塔彭宁对特斯拉的规划是主要研发面向高端市场的车型，目标受众是信奉生态未来的高收入人群。这个人群想要一款既能展现自己时尚感和富有地位，又能展现他们环保意识的跑车。这是一个精明的定位，马斯克也一直在坚持这一定位。未来的大规模汽车生产存在级联效应，最初的车型有望提供种子资金，为后续新车型的大规模经济生产提供资金支持。

虽然艾伯哈德和塔彭宁很富有，但他们没有白手起家研发全新车型的资源，所以，他们一直在寻找简化流程的方法。最初的计划是拿到 AC Propulsion 研发的动力装置的技术授权，然后与优雅的莲花 Elise 底盘❶组合。之后，他们不再通过经销商销售汽车，而是围绕汽车制造宣传热点，将汽车直接销售

---

❶ 底盘需拉伸 127 毫米，才能容纳电动汽车的组件。

给客户。这个计划是明智的，但即使他们绕过了巨额的传统开发成本，原型车生产仍需耗费大量资金。他们需要投资者。

此时，埃隆·马斯克正式回归该领域。3人在洛杉矶会面讨论了这一提议，马斯克接受了该计划。他投资了650万美元打造特斯拉电动汽车。马斯克因为这笔巨额投资成了最大的股东，同时也成了公司的董事长。这两个在当时看来似乎不怎么重要的因素，后来变得十分关键。

现在，他们开始着手创建一家汽车公司。一个由天才工程师组建的团队就此形成，他们还在加利福尼亚州圣马特奥县（San Mateo County）的圣卡洛斯（San Carlos）建立了一个生产车间。没多久，马斯克就把斯特劳贝尔拉进了公司，让他负责开发这款汽车的核心关键组件——电池组。要知道，当时锂离子电动汽车引擎仍处于试验阶段。斯特劳贝尔和这些帮助过他的人将站在清洁能源技术的最前沿。他们的才能和创新力发挥了很大作用。

当然与大型汽车制造商相比，特斯拉汽车公司只是一个非常简单的工作间，但是这个只有18人的团队在2004年10月到2005年1月间做了一件了不起的大事：他们设计出了一辆可运行的原型车，这很大程度上要归功于他们简洁高效的管理模式。这款新车被命名为"Roadster"。马斯克试驾了这款车，这款产品本身和工作进度令他备受鼓舞，并自掏腰包为这款车追加了 900 万美元的投资。此外，在 2006 年至 2007 年间，马斯克从正想进行科技投资的风险投资家和投资者那里筹集了 1.05 亿美元。这些希望能早日分到一杯羹的投资者包括 Valor Equity Partners、德丰杰投资（Draper Fisher Jurvetson）、谷歌联合创始人谢尔盖·布林（Sergey Brin）和拉里·佩奇（Larry Page）、Compass Technology Partners 和易贝（eBay）前总裁杰夫·斯科尔（Jeff Skoll）。

尽管制造出了汽车原型，但前路仍然漫长、曲折和艰辛。这项新技术面临着工程领域的巨大挑战，比如：如何控制热量聚集，如何防止数千个独立但相互连接的电池起火❶。电池总质量约为 454 千克。另一个重要变化是，这款车决定弃用 Elise 车身，打造一个更契合特斯拉品牌的碳纤维外观。回顾特斯拉早期的新闻报道，会发现特斯拉渴望打破人们的刻板印象，那就是量产的 Roadster 只不过是电气化的莲花 Elise。2008 年 3 月，特斯拉负责销售、营销和服务的副总裁达里尔·西里（Darryl Siry）在《谣言终结者》（Mysbusters）的两篇博文中谈道："人们对特斯拉 Roadster 最常见的误解之一便是认为这是一辆电气化的莲花 Elise。"他接着解释道，实际上

---

❶ 最终投产的每台 Roadster 都搭载了 6831 个电池。

特斯拉仅有 7% 的零件与莲花 Elise 相同。

所以你可以说特斯拉与莲花 Elise 相似，但除了这些相似，Roadster 拥有完全不同的传动系统、车身面板、铝缸、后副车架、刹车、制动防抱死系统（ABS system）、供热通风与空气调节系统（HVAC），以及后悬挂装置。特斯拉也不再需要油箱、排气设备和排气管。如果你想通过拆掉无须装载的配件，将一辆莲花 Elise 改造成特斯拉，那你基本上只能剩下挡风玻璃、仪表板（包括安全气囊）、前叉骨和可拆卸的软顶。

至此，马斯克已经参与了大量的新车设计工作，也经常会对该车的功能和布局提出建议。他还全面推进宣传工作，为即将上市的新车营造出热烈的声势。这款车将硅谷的专业技术、炫耀性消费、高端性能和环保意识融为一体，这是在过去难以想象的。

该车于 2006 年 7 月 19 日首次向公众亮相，特斯拉在圣莫尼卡机场（Santa Monica Airport）的一个飞机库中举行了仅受邀者可以出席的发布活动。大约 350 名知名人士、商界领袖和媒体大腕出席了第二辆 Roadster 原型车——EP2 的发布会。发布会上工程团队仍在努力解决的技术问题并未被提及。

相反，观众看到的是一辆价值 9 万美元的汽车，该车在 4 秒内即可将速度提升至 60 英里（1 英里约为 1.6093 千米）每小时，一次充电续航 400 千米，同时还拥有人们期望的超级跑车的所有功能。马斯克大力宣传这款产品，并强调"这之前的所有电动汽车都很糟糕"。

预购订单蜂拥而至，媒体对此兴奋不已。但将目光再转回这家工作坊，便会发现一切都不太好，而且问题还很严重。毋庸置疑，特斯拉是一家颠覆传统汽车研发和制造模式的公司。特斯拉以打破常规的方式规避了研发的一些棘手的成本问题；例如，Roadster 原型车的零下测试并未使用高成本的工业设备，而是直接购买改装了一辆冷冻卡车。但在他们想要量产 Roadster 并全面推广的过程中，有越来越多的问题逐渐显现出来。传动装置存在严重技术问题，平均行驶 3200 千米左右便会出现故障。泰国建设的电池生产厂与预期中的差距甚远，至少在初期是如此。这是一个复杂的国际生产系统，法国生产的车身面板、中国生产的动力装置、泰国生产的电池组（零件进口自中国）在生产好后会运往英格兰，由英国莲花进行车身组装和电池组的安装，全部组装完成后 Roadsters 会最终运往美国。局面开始失控，特别是此时投资者的钱正以惊人的速度被花掉。

高层的关系也很紧张。根据万斯的说法，塔彭宁曾提过，当马斯克得知《纽约时报》(New York Times)的特斯拉报道重点是艾伯哈德和这款车,而不是他这位特斯拉的最大股东时"十分生气"。艾伯哈德则宣称马斯克频繁干涉车辆设计,而这一言论让事情变得更糟。

最终,矛盾到达了巅峰。Valor Equity 投资公司委派精明而老道的运营总经理——蒂姆·沃特金斯(Tim Watkins)对当时特斯拉的情况进行了评估。他的评估结果表明特斯拉的混乱局面正在恶化,问题涉及方方面面,如成本失控、财务管理一团糟、车辆功能故障和主要供应商等问题。根据他的计算,特斯拉的每辆车会实际损失 11.5 万美元。在沃特金斯向马斯克和董事会提交报告后,特斯拉的高层发生了变动。2007 年 8 月,艾伯哈德不再担任首席执行官——说句公道话,根据万斯的说法,艾伯哈德一直主动要求离职——转而担任技术总裁。塔彭宁担任电气工程副总裁。董事会成员、生产和物流专家迈克尔·马克斯(Michael Marks)暂代首席执行官一职,他们试图通过这种方法让特斯拉的生产变得更加有序。2007 年 12 月,企业家泽埃夫·德罗里(Ze'ev Drori)取代马克斯,成了公司的首席执行官。值得注意的是,艾伯哈德和塔彭宁于 2008 年 1 月离开了特斯拉,由此可见他们同马斯克的关系已经十分恶劣了。同年 10 月,马斯克亲自担任特斯拉的首席执行官。

2008年，正如我们在上一章所讲，世界好像下定了决心要同埃隆·马斯克作对。马斯克任职期间积极参与各项工作，在这种管理模式的推动下，特斯拉Roadster开始投产。与此同时，另一款暂时命名为"Whitestar"（白星）的车型也在研发中。这款车就是后来的Model S，一款五门的轿车，让特斯拉的市场从高端豪华跑车领域扩展到中端家庭轿车领域。事实证明，Model S不仅拯救了特斯拉，也成就了特斯拉，但这都是"将来"的事情。2008年，特斯拉每天亏损大约10万美元，即使已经有了1000多台Roadsters的预定，但因产能限制和质量问题的影响，也仅能交付50台。媒体对这家新崛起公司的质疑越来越多。

最重要的是，马斯克的财富开始枯竭，为了让企业存活下去，他需要资金。而公司离破产也不远了。马斯克为了拯救公司夜以继日地工作，现在，这段历史已经成为一段传奇。他找遍了所有能找的人——投资人、员工和朋友。他自己追加了投资，并出售了在太阳城公司的大量股份（如需详细了解这家公司，请参阅第五章）。当马斯克投资的公司Everdream[1]被戴尔电脑以3.4亿美元收购时，特斯拉获得了一

---

[1] 一家提供远程办公和数据服务的公司，由马斯克的堂弟创建，详见第五章。

线生机。这次收购给马斯克带来了1500万美元的意外之财,这笔钱可以直接注资特斯拉。SpaceX为特斯拉也提供了贷款,但正如我们上一章所讲的,探索太空竞赛的财务困境也让马斯克的财务状况雪上加霜。但这还不是最糟糕的,随着2008年圣诞节的临近,马斯克剩下的钱仅够支付员工几周的工资。

可以说2008年12月初才是这不景气的一年中最糟糕的时刻,当时美国优点资本(VantagePoint Capital Partners)与马斯克本人达成的2000万美元投资协议突然遇阻,因为投资者对特斯拉的估值产生了质疑。根据万斯的说法,马斯克怀疑这家风险投资公司正在试图借助欺诈性操作拿到特斯拉的最终控制权,然后再将其出售给某家大型汽车制造商。在巨大的压力面前,马斯克依然保持镇定,甚至对外宣称他会从另一笔SpaceX贷款中为特斯拉提供资金。圣诞节前夕,就在特斯拉倒闭的几个小时前,马斯克获得了这场对峙的胜利,融资到账了。

那时,特斯拉仍在运转。特斯拉还远远没有走出困境,特别是技术方面,Roadster还存在很多技术问题,还需要投入大量的时间和资金来解决。2004年,特斯拉预估的Roadster研发成本为2500万美元;到2008年,尽管远远低于其他汽车行业生产商的研发制造成本,这款车已实际花费了1.4亿美元。马斯克一直在推动团队前进,并对成本、进度和质量提出了诸多要求，而这些要求对很多人而言是很难实现的。然而，一些高管发现，一旦员工认为某事不可能，那这名员工一般就会被解雇，然后马斯克便会亲自接手该项工作，顺利完成其员工声称不可能完成的任务。

之后，公司的销量开始攀升。以大型汽车制造商的规模来看，特斯拉的销售量并不算高：2009 年 1 月，特斯拉销售了 147 台车，而在 2008 年到 2012 年，特斯拉销售了 2500 台车。但请记住，那几年正是全球金融危机，许多公司濒临倒闭，数十万人失去了工作。特斯拉不仅活了下来，而且还以自己的方式蓬勃发展，并推出了一款突破性的新产品。于是，该公司再次成为投资者争相投资的热门资产。

杀出重围

但是，Roadster 并未成为特斯拉的突破性车型，该车型最终在 2012 年 1 月停产了，因为要为特斯拉 6 个月后发布的第二款产品 Model S 让路。

Model S 是特斯拉进一步升级的产品。这款车不再是跑车，而是一款豪华的高品质五门轿车，售价在 5 万美元到 7 万美元，但它保留了特斯拉电动汽车的性能优势、价格优势和环保优势，再加上一系列的高科技功能，这款车在市场上备受追捧。但是通往成功的道路依然障碍重重,充满挑战。对他的团队而言,让设计和功能性达到马斯克提出的严苛标准是一个巨大的挑战。外观设计这项任务最初交给了丹麦裔美国汽车设计师兼企业家亨里克·菲斯克(Henrik Fisker),他此前曾就职于宝马、福特和阿斯顿·马丁(Aston Martin)等公司,同时还自己经营着一家工程公司菲斯克车身制造(Fisker Coachbuild)。他最初的设计反响并不好,很多人都认为毫无创意。2007年,菲斯克离职,成立了自己的设计公司菲斯克汽车(Fisker Automotive)。2008年,菲斯克推出了Fisker Karma,一款外观十分出众的混合动力豪华跑车(后升级为全电动车)。特斯拉因此起诉了菲斯克,称菲斯克在特斯拉工作期间窃取了其设计理念,但菲斯克最终赢得了这场诉讼。

菲斯克的继任者是才华横溢的弗朗茨·冯·霍兹豪森(Franz von Holzhausen),他曾在沃尔沃(Volvo)、通用和马自达(Mazda)汽车公司任职,他希望各大汽车制造商管理层能够给予他足够的自由创作空间。冯·霍尔茨豪森和一小队工程师在SpaceX工厂的车间里,用了大约3个月的时间完成了Model S的外观和布局设计。但马斯克从未远离,他目光如炬,密切监督着工作的进程。

Model S上有很多马斯克的影子,每个轮廓、每个按钮、每台设备、每项功能,都没有逃过他的审视。在每一小轮改进后，他都会查看或试驾车辆，然后反馈一长串的改进意见。据说，这些改进意见都刻在他的脑海里，而不是写在纸上。他会滔滔不绝地向下属讲述需要做出的修改，当汽车做出进一步改进后会交到马斯克的手上时，他都记得每一个需要改进的问题，并会关注这些问题的解决方法是否令他满意。无论是外观还是内核，这款车处处都是创新。与传统的汽车仪表盘不同，该车只装配了一个43厘米的大型中央触屏电脑，支持各种网络——这是一个从未在汽车上测试或安装过的功能。门把手不用时可以缩回去。该车的最大创新之一便是车身，为了提升汽车和电池的性能，车重大幅减轻，为此马斯克决定以铝制车身替代原来的钢制车身，但将这种材质加工成汽车车身却难得多。

经过长期的精雕细琢，Model S 最终在 2009 年 3 月亮相。这款新车拥有突破性的技术和闻所未闻的服务支持，它不仅吸引了媒体的目光，收到了媒体的热烈反馈，还吸引了大型汽车制造商的关注，其中很多制造商之前对特斯拉不屑一顾。特斯拉的创新得到了一些公司的认可，特别是戴姆勒股份公司[1]，该公司斥资 5000 万美元收购了特斯拉 10% 的股份。特

---

[1] Daimler Ag，梅赛德斯-奔驰（Mercedes-Benz）品牌的所有者。

斯拉将继续为戴姆勒汽车研发电池组和充电器技术。特斯拉在研发 Model S 时曾将梅赛德斯 CLS 作为基准。但特斯拉仍需解决汽车量产的问题。简而言之，特斯拉需要一个工厂和全套的生产设施，但这需要大量资金。

两次转机解决了这一问题。首先，在能力超群的商业发展副总裁迪亚尔穆伊德·奥康内尔（Diarmuid O'Connell）的努力下，特斯拉在 2009 年 6 月从美国能源部（US Department of Energy）获得了 4.65 亿美元的贷款。这笔贷款是 80 亿先进技术车辆制造贷款计划（Advanced Technology Vehicles Manufacturing Loan Program）的一部分。他们原本打算用这笔资金建造一个新工厂，但另一个偶然的机会出现了。20 世纪 80 年代，通用汽车和丰田汽车合资在加利福尼亚州的费利蒙市（Fremont）建立了一家大型汽车装配厂，在特斯拉获得政府贷款的那个月，通用汽车申请了破产，这家装配厂也因此成了市场上的待售商品。于是，特斯拉斥资 4200 万美元买下了这家工厂的大部分股份，包括所有制造技术、5000 名即将失业的工人，丰田汽车也以 5000 万美元拿下了特斯拉 2.5% 的股份。

万事俱备，但还需要进一步融资，才能为 Model S 的发展提供最好的机会。为此，2010 年 6 月 29 日，特斯拉上市了，并在纳斯达克证券市场（NASDAQ）进行了首次公开募股。这是自 1956 年福特汽车上市以后，首家进行公开募股的美国汽车制造商。尽管在首次公开募股前有一些负面的媒体分析，但相较于特斯拉前几年的巨大亏损和投入成本，这次首次公开募股还是非常成功的，以每股 17 美元的价格发行了 1330 万股股票，筹集到了 2.26 亿美元。次日，股价便上涨了 41%，到次年 7 月，特斯拉的股价已攀升至惊人的每股 130 美元。

  Model S 已成为现代汽车史上的经典成功案例。最新的电池组装配了大约 7920 个电池，根据型号不同，一次充电可行驶 401 千米到 647 千米不等。这款电池本身就是电力存储技术的领军者，电极中除了有传统石墨还添加了硅，提升了电池的能量密度。如果 Model S 是一辆传统的汽油动力车，那每加仑❶汽油的行驶里程将超过 160 千米。车轴之间的电池是全车最重的部件，也让车辆在行驶时拥有绝佳的稳定性。所有车型都有很快的加速度，P100D 更是其中的佼佼者，仅 2.28 秒即可将时速提升至近 97 千米，这一度使它成为最快的量产汽车。24 小时联网的中央触摸屏可以控制几乎所有的操作。这种网络连接对客户而言非常实用——如果汽车性能或功能出现问题，客户可将问题上报给特斯拉，然后特斯拉的工程

---

❶ 1 加仑（美）约为 3.79 升；1 加仑（英）约为 4.55 升。

师会远程登录客户车辆，直接在车辆软件中进行修复，有时这些修复工作是在客户休息时进行的。该系统还可以自动引导司机前往任何一家特斯拉充电站。

2010 年 6 月 29 日，特斯拉首次公开募股当天，埃隆·马斯克与自己的两个孩子，以及他当时的未婚妻妲露拉·莱莉（右二）出席了纽约纳斯达克证券市场的开盘仪式

Model S 的不断创新，突然令这些大型汽车制造商看起来就像笨重的恐龙，在特斯拉身后蹒跚前行，试图迎头赶上。马斯克的公司也开始在美国各地建设充电站，为特斯拉客户提供免费充电服务。有一段时间，特斯拉还想在充电站提供 90 秒电池更换服务，但最终还是放弃了这一想法，因为 480 伏特的特斯拉超级充电站已经为特斯拉汽车提供了最快的充

电方式。

真正令人惊讶的是，Model S 得到了一些媒体的夸赞。《消费者报告》（Consumer Reports）对早期的量产车进行了测评，并给出了令人震惊的评论："这辆车的性能比我们以往测试的任何车都要好。我再重复一遍：这款车不只是最好的电动汽车，也是最好的汽车。这款车在各方面都做得非常非常出色。"无独有偶，《汽车》（MOTOR）杂志在 2009 年宣称 2013 款 Model S 不仅是"年度汽车"，还是该杂志创刊 70 年来所有年度汽车中的佼佼者。

举世无双的佳作

随着 Model S 的推出，特斯拉的商业价值快速攀升。而随着后续车型的推出，特斯拉商业价值攀升的速度更快了。特斯拉最初的想法——将高端汽车的销售收益最终转化为大众化电动汽车的研发生产资金，是正确的。2015 年 9 月，该公司推出了 Model X，一款保留了 Model S 部分性能的中型豪华轿车，该车搭配了出色的"鹰翼门"功能，这是马斯克创造的一个术语。车门打开后会升起，然后拉平，根据马斯克的设想，这样设计主要是为了方便父母将孩子放在后座或在后座进行网上购物。即使停车位置两边空间有限，或车库天花板很低，也可很方便地开启车门。

2013 年 10 月 24 日，在英国伦敦西田斯特拉特福德城（Westfield Stratford City）零售中心的特斯拉商店里，埃隆·马斯克正在查看自己的手机，而他旁边就停靠着一辆特斯拉 Model S 汽车。特斯拉不仅彻底改变了电动汽车的设计，也颠覆了汽车的销售方式

但真正改变游戏规则的是 2017 年 7 月上市的 Model 3 紧凑型轿车。这是一款真正面向大众市场的汽车。对中产阶级而言，这款车的价格更加实惠，但即使如此，这款车仍然拥有特斯拉电动汽车的所有独特品质。媒体早期对这款车的反响非常热烈，将其视为中档宝马、奥迪（Audi）或奔驰车受众的新选择。该车在 2016 年 3 月 31 日上午正式亮相，两天内，特斯拉便收到了 23.2 万辆车的订单；一周内，订单数量便攀

升至 32.5 万辆。

解决生产问题后，Model 3 成为世界上最畅销的电动汽车。2021 年 8 月，一些媒体披露，据统计 Model 3 的销量已经超过 100 万辆。此外，特斯拉此时已推出了另一款畅销车——Model Y，这是一款 2019 年推出的紧凑型跨界车。该车在 2020 年年初开始交付，是比 Model X 更加经济实惠的选择。细心观察的读者可能已经注意到，车型代号"S""X"和"Y"几乎可以拼出单词"SEXY"。显然，这是马斯克故意为之；由于"Model E"的发音与福特的初代车型"Model T"发音极其相似，所以在福特汽车的阻挠下，特斯拉放弃了车型代号"E"。但实际上，特斯拉的 Model 3 就是 Model E，因为将 E 水平翻转过来就是 3。到 2021 年年底，Model Y 的销量突破了 50 万辆。但在我们都认为马斯克正在向传统汽车首席执行官转变前，我们需要先花点儿时间来了解下马斯克的另一面，即对整个行业前景永远保持挑战精神。

营销者马斯克

2019 年 5 月，数字营销咨询公司 BrandTotal 发布了一份报告，该报告分析了一些世界汽车巨头——丰田、宝马、本田、奥迪、福特、英菲尼迪（Infiniti）、凯迪拉克（Cadillac）、保时捷和特斯拉，30天内的社交媒体费用。该报告的一个重要结论是，几乎所有的汽车公司都在四大社交媒体平台[1]的付费广告上投入了大量资金，但特斯拉的投入资金为零。然而，虽然特斯拉没有任何广告投资，但其在社交媒体上仍有200万的有机互动，仅次于保时捷的220万，但保时捷的220万是付费广告和有机互动的混合数据。如果将分析数据追溯到2015年，就会发现特斯拉的其他营销模式。根据全球股票研究公司（Global Equities Research）当年的报告，特斯拉每辆车的广告费用仅有6美元，虽然不是0美元，但也是少得可笑。请注意这一数据同其他主要汽车生产商数据的对比情况：

丰田——248美元。

本田（Honda）——258美元。

保时捷［大众（VW）］——267美元。

凯迪拉克（通用）——1163美元。

雷克萨斯（Lexus）（丰田）——1168美元。

菲亚特（Fiat）［菲亚特·克莱斯勒（Fiat Chrysler）］——2158美元。

---

[1] 脸书（Facebook）、油管网、照片墙（Instagram）、推特。

林肯（Lincoln）（福特）——2550 美元。

捷豹——3325 美元。

（数据来源：Hanley 2016）

显然，各个汽车制造商竞争的市场规模和竞争力都存在巨大差异，但特斯拉跟其他制造商之间的广告成本差距无法仅仅归结于这些差异。

同他的其他商业模式一样，埃隆·马斯克也是广告业的颠覆者。之所以这样说，很大程度上是因为他掌握了无须付费即可进行大力宣传的方法。只有通过与同行的对比，才会知道马斯克是多么了不起。由 BrandTotal 2019 年发布的报告可知，福特的宣传费用是 36 亿美元，丰田的广告费为 15 亿美元，即使比较内敛的宝马，也花费了 3 亿美元的广告费。因此，了解马斯克如何改变这种模式十分有必要。

回顾整段历史，我们发现人们对马斯克的营销能力持有不同的观点。在 Zip2 和 PayPal 时期，在公司内外的很多人看来，马斯克的营销都是相当鲁莽的，通常会对发布日期和服务突破做出戏剧性的承诺，而这些承诺往往无法在现实中兑现。时至今日，马斯克仍在这方面饱受诟病。但可以肯定的是，马斯克可以用很少有人能做到的方式，为自己的公司制造话题。马斯克是我们今天所说的"CEO 驱动营销"模式的主要倡导者。这种模式以领导者的个性、洞察力和承诺来推动产品信息的宣传，吸引客户，在数字媒体领域引发"关注"，并进行病毒式传播。

马斯克毋庸置疑的活力、冒险主义精神和创新精神，以及他复杂的个人生活和名望，让他收获了大批崇拜者，这群"粉丝"创建了名为"Muskateers"的社区。这是一个充满活力和热情的社区，马斯克会在这个社区进行营销互动。马斯克在推特上有 8100 多万"粉丝"，仅比嘎嘎小姐（Lady Gaga）、爱莉安娜·格兰德（Ariana Grande）和泰勒·斯威夫特（Taylor Swift）少一点点。马斯克是一个十分活跃的推特用户，经常在推特上分享信息。他会真诚地同"粉丝"互动，回答他们的问题，诙谐地暗示下一步计划。他还会与各行各业的人交流，特别是同那些在技术、创新和创业方面志趣相投的人交流。在 Roadster 上路后没多久，马克·马陶谢克（Mark Matousek）便在商业内幕网站（Businessinsider.com）发表了一篇文章，该文章认可了马斯克在社交媒体上平易近人的言辞。

马斯克还展现了通过社交媒体制造热点的天赋。他是少数几个拥有推特账户的首席执行官之一，他的账户感觉不像公关团队在运作，而且他所展现的坦率很可爱，也很有效。他会在推特上回答特斯拉客户的问题和担忧，调侃即将推出的新功能，开开玩笑，这些为他的公司们赢得了很多新闻版面。

此外，马斯克的推文热度很高，内容丰富且吸引人。前一分钟可能还在聊他对成功或文学的总体看法，下一分钟就会转向对航空航天工程或物理学晦涩角落的探索。马斯克的推特非常活跃，同样受到他名望的影响——人们不仅对他做了什么感兴趣，还对他的想法、行为方式、收购意向和阅读内容感兴趣。

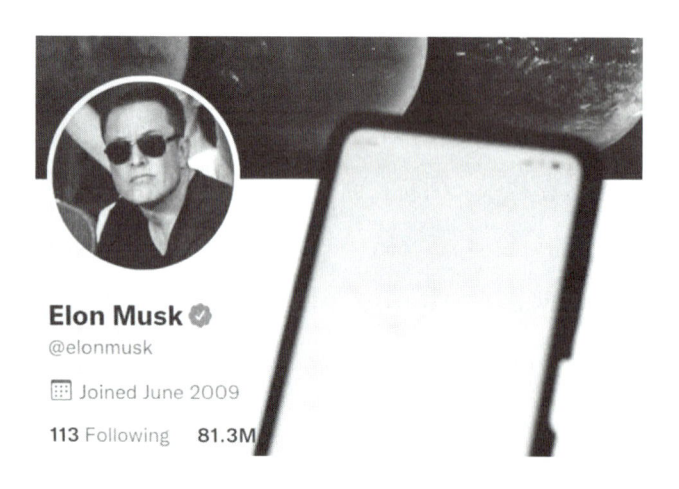

推特一直是马斯克宣传自己观点、发布信息和进行产品营销的强大工具之一，全球 8000 多万"粉丝"关注了他的推特账户。2022 年 4 月，他提出以 440 亿美元收购推特的计划，在经历了一系列法律纠纷后，于当年 10 月底完成了收购

基于此，马斯克进行了大规模的示范性营销，这些行为在社交媒体上引起了轰动。毫无疑问，其中最瞩目的一次营销便是上一章提及的在2019年将特斯拉Roadster送入太空的发射。我们不应该只把这一行为简单地视为通过令人震惊的荒谬行为博取公众关注的大胆表现。马克·沃克在《广告时代》的文章中称，马斯克在吸引年轻人群方面"遥遥领先"，报道称"普通人为了竞争几秒播放时间而花费数百万美元"，而马斯克"只是为了实现自己的构想"。

但这辆Roadster的发射升空还是占据了很多专业航空、科技和汽车杂志的大量版面。这些报道提升了大众对太空探索、电动汽车未来发展、自动驾驶技术潜力等主题的认识，同时也将马斯克这个名字与这些构想联系在了一起。这就是马斯克的营销思路，媒体会关注他发起的话题，并有效地为他进行营销。

但我们应该像很多人所做的那样，小心尝试，提炼"马斯克式广告和市场营销方法"，学习其中的宝贵经验。我认为"错误"便是焦点之一。马斯克当然很清楚社交媒体和病毒式宣传的力量，但他也明白，客户对产品的满意度才是最终取得成功的关键。如果产品质量不过关，那么无论你试图围绕它制造多少"话题"，最终都无法产生商业吸引力。特斯拉0美元的广告投入，并不是因为不需要花钱营销，而是他们认为最好的营销投资是打造人们喜爱的产品，正如马斯克在一次电视采访所讲述的。

> 特斯拉真正关注的是把所有资金和精力都用于提高产品的竞争力上，因为我认为口碑才是销售产品的最好方式。如果有人买了这辆车，那一定是因为他真的喜爱这辆车。实际上，打造一款人们都喜爱的产品才是关键。一般来说，人们在派对上或跟朋友以及他人聊天时，都会聊到自己特别喜爱的东西。但如果你只是喜欢某样东西，那好吧，你也不会对它太在意。但如果你真的特别喜爱这个东西，你就会跟他人分享，而这些分享最终会形成口碑。而口碑就是我们销量攀升的基础。我们没有任何广告或代言投入，所以如果有人买了我们的车，那就只是因为他们喜欢这款车。

我们也可以把马斯克对产品研发的关注，同杰夫·贝索斯对客户的极度关注相提并论。两者本质上来自同一视角——无论是产品还是服务，客户满意最重要。客户满意了，其余绝大部分事情也会迎刃而解。

马斯克、推特宇宙和政治

对马斯克来说，推特一直是其展现非凡营销才能的重要工具。借助这个平台，他能让自己的观点对日益增长的忠实"粉丝"群体产生广泛而深远的影响，同时还会用未来规划的神秘提示吸引商界大亨、分析师和媒体的关注。但他通过推特所施加的大众影响力受到了多个方面的质疑和挑战，特别是来自美国政府的质疑。2018 年 8 月 7 日，马斯克发布了以下推文："我正在考虑以每股 420 美元的价格将特斯拉私有化，资金已经到位。"鉴于马斯克 8 年前才让特斯拉上市，尽管发布消息的渠道不太正式，但这显然是一个十分重要的消息。在同一天，马斯克向其员工发送了一封很长的电子邮件，他在邮件中阐述了自己对公司的财务规划。跟以往一样，这些文件是我们了解马斯克的新窗口，借助这些窗口我们可以更好地了解马斯克的商业运营方式。他向员工解释："尚未做出最终决定，但此规划是为了给特斯拉创造最佳的运营环境。"他首先介绍了背景，简述了自己的观点，即特斯拉是一家具有长远战略眼光的公司，"我们股价的剧烈波动可能会让所有特斯拉员工分心，因为他们都是公司股东"。马斯克进一步解释道，作为一家上市公司，特斯拉更看重季度收益周期内的表现，而不是深思熟虑的未来目标。"从根本上来说，我相信当每个人都专注于工作时,当我们能始终专注于长期使命时,当没有人因错误动机而破坏我们所有人正在努力实现的目标时,我们就会处于最佳状态。"他还指出,SpaceX 是私营公司工作效率的"完美典范"。

邮件的第二部分更长,马斯克在这一部分详细阐述了上述一切对特斯拉员工的意义。他没有合并特斯拉和 SpaceX 的打算。他再次重申,特斯拉私有化"与自己的强权控制无关"。他表示,他当前持有公司 20% 的股份,但私有化几乎对此没有影响。他最后说道:"对我们所有人而言,特斯拉私有化最终会成为一个巨大的机会。不管怎样,未来都是非常光明的,我们将继续为实现自己的使命而奋斗。"由这份邮件可知,在机遇和现实间仅差一次股东投票。

因此,马斯克在这封邮件中强调了自己的习惯性展望:专注长期愿景;将产品研发置于短期财务考量之上;同时不允许外部压力阻碍长远发展。这份邮件极具说服力。然而,美国证券交易委员会对马斯克的推文完全不以为然。美国政府这一备受尊敬的机构担负着三方面的监管使命(源自它自己的定义),分别是"保护投资者;维护公平、有序和高效的市场;促进资本形成"。随着市场对马斯克的推文做出反应,美国证券交易委员会用以下理由起诉了马斯克,并对其展开了调查。

美国证券交易委员会的指控称，事实上，马斯克明白潜在交易存在不确定性，会受到很多偶然情况的影响。马斯克未与任何潜在融资伙伴讨论过价格等具体交易条款，他有关潜在交易的声明没有足够的事实依据。由美国证券交易委员会的指控可知，马斯克误导性的推文导致特斯拉股价在 2018 年 8 月 7 日上涨了 6% 以上，并且引发了剧烈的市场动荡。

美国证券交易委员会心知肚明，即使马斯克的一条推文也能产生市场影响。马斯克在 2018 年 9 月与美国证券交易委员会达成了和解，马斯克和特斯拉既没有承认也没有否认这些指控。但和解协议的条款很严苛。

1. 马斯克须辞去特斯拉董事会主席一职，然后由其他独立董事出任。马斯克在三年内不得担任该职务。
2. 特斯拉还将任命两位独立董事加入董事会。
3. 特斯拉会成立一个新的独立董事会，对马斯克的言行进行更多限制和监管。
4. 马斯克和特斯拉将分别支付 2000 万美元的罚款。4000 万美元的罚款将按照法院要求的程序分发给利益受损的投资者。

媒体报道称，为了履行第三条款的部分内容，确保推文内容符合和解协议的要求，律师会在马斯克发布推文前审核其内容。但是，时间证明这次和解并不意味着美国证券交易委员会与马斯克斗争的终结。

马斯克称自己为"言论自由的绝对主义者"。在俄乌战争爆发后的前几周，这句话出现在他2022年3月5日的推文中，他在推文中辩称："一些政府（非乌克兰政府）要求星链屏蔽俄国的新闻报道。除非枪口指向我们，否则我们不会这样做。抱歉，我是言论自由的绝对主义者。"对马斯克而言，人们表达自己想法的权利是神圣不可侵犯的，应予以保障。因此在2018年与美国证券交易委员会达成和解后，很多人都兴致勃勃地等着看这些条款对他推特的影响。从用户角度看，并没有什么重大变化。马斯克仍然可以自由地思考和表达，而这依然会使他同美国证券交易委员会产生摩擦。2019年2月，美国证券交易委员会指控马斯克藐视法庭，因为马斯克未经公司律师核准，便在推特上发布了特斯拉预期产量数据，马斯克愤怒地驳斥了这一指控。马斯克和美国证券交易委员会的关系进一步恶化，马斯克在2018年10月4日发布的另一条推文中将美国证券交易委员会称为"做空者致富委员会"（Shortseller Enrichment Commission）。接着，美国证券交易委员会在2021年11月向特斯拉发出了传票，要求其提供

"遵循美国证券交易委员会和解协议（修订版）管理过程"的证据。

2022年2月17日，马斯克和特斯拉给予了更加有力的回击。马斯克的律师对美国证券交易委员会提起了诉讼，称该政府机构的行为已经"越界"，指责该机构并未将2018年和解协议收取的4000万美元分发给特斯拉的股东，同时声称美国证券交易委员会"一直没完没了地利用自身强大的资源对马斯克先生和特斯拉进行毫无根据地调查"。美国证券交易委员会随后在信中对该指控进行了辩解，称自己的行为一直都符合2018年签订的和解协议。

在本书创作期间，美国证券交易委员会和埃隆·马斯克的紧张关系还没有任何缓和的迹象。2月11日，马斯克推特的一位"粉丝"弗伦克帕普伯爵（Earl of Frunk Puppy）发布了一条评论："特斯拉的言论惹恼了工会、传统汽车行业、石油行业和自动驾驶公司，并且他们不花钱做广告，不收买政客，并因此引起了加利福尼亚州公平就业与住房局（California Department of Fair Employment and Housing，CDFEH）、美国国家公路交通安全局（National Highway Traffic Safety Administration，NHTSA）、美国证券交易委员会和加利福尼亚州交通管理局（California Department of Motor Vehicles，CA DMV）的共同关注。"对此，马斯克进行了简洁的回应：

"完全正确。"

这种局面或许反映了有权势的个人同政府之间几乎不可避免的冲突，这种关系会随着执政政府的政治色彩和商界领袖的公众影响力变化而不定期地发生波动。毫无疑问，马斯克是这个星球上最有营销力的普通居民之一，在可预见的未来，可能仍是如此。他的核心利益同美国政府和国际政治组织的许多利益——太空、交通、金融、能源、文化，完全一致，为此，他将永远是政府的重点关注对象。

虽然马斯克是一个干劲满满的企业家，而且跟其他企业家一样，很讨厌发展道路上出现的政治路障，但也不应简单地将他单纯定义为随心所欲的资本家。如果能察觉出马斯克的政治观点，会发现这些观点既微妙又现实，并没有鲜明地支持某个特定方向。从他发表的公开言论来看，他在很大程度上应该是一个中间派，他对自己的定义是"一半民主党人，一半共和党人"，支持民主，但同情"社会主义者"。当然，他也明白结交政坛风云人物的重要性。2012年，倡导开放性政府的非营利研究机构阳光基金会（Sunlight Foundation）发布了一份有关马斯克政治贡献的研究报告。报告称，自2002年成立以来，SpaceX"在游说国会的过程中已经花费了400多万美元，并提供了80多万美元的政治捐款"。2021年11月，美国消费者新闻与商业频道（CNBC）在报道中称，自2021

年伊始，SpaceX 和特斯拉在政治游说方面已经花费了 200 多万美元。作者无法证实这些说法，说是这么说，并不意味着事实就是如此。鉴于马斯克项目和业务的性质，一定程度的政治投入对其工作的顺利开展至关重要。这个观点并不意味着支持不受约束的过分政治游说，而是承认以下事实，即鉴于马斯克涉及的领域，在某种程度上寻求政府理解和支持是可行的。

然而，政治准入变数太大。例如，在 2022 年，马斯克同总统约瑟夫·拜登（Joe Biden）的关系跌到了谷底。马斯克曾多次抱怨，拜登总统在讨论电动汽车时，基本不会提及特斯拉，而特斯拉不仅是美国最大的电动汽车制造商，而且是遥遥领先的领头羊。到 2020 年，美国 80% 的电动汽车都产自特斯拉的工厂。2021 年 8 月，"三大"汽车制造商——通用汽车、福特汽车和克莱斯勒汽车应拜登总统之邀，参加了一项行政命令的签署仪式，该命令敦促美国各个汽车制造商生产更多的电动汽车。马斯克和特斯拉未在受邀之列，对此马斯克评论道："是的，很奇怪，特斯拉没有收到邀请。"他随后又表示，结合通用汽车 2021 年第四季度的电动汽车销售量——仅 26 辆，以及特斯拉当季的销售量——30.86 万辆和年度销售数量——93.6172 万辆来看，这种情况就更奇怪了。2022 年 4 月 6 日，这一政治僵局似乎被打破了，拜登政府官员于当天接见了马斯克和其他汽车企业的领导人，并同他们讨论了电动汽车和基础充电设施等问题。

话虽如此，但具体涉及经济问题时，马斯克似乎更希望政府坚持正确的立场，做出正确的决定。在一次电视采访中，马斯克以下面这段话清晰定义了他认为的正确的立场和决定应该是什么，以及政府可以在哪些方面提供服务。

一般情况下，我支持政府对经济采取最小的干预。比如，政府应该更像裁判，而不是球员，而且裁判数量不宜过多。但也有例外，那就是存在无价的外部事物，如海洋和大气中的二氧化碳含量。因此，当你碰到无价的外部事物时，正常的市场机制便会失效，而此时便需要政府的干预。而最好的干预方式是给正在消耗的公共利益设定一个恰当的价格，如果碳有危害，那便应该对碳征税。

马斯克由此认识到，人类面临的一些重要问题远超出市场的掌控，这些问题必须借助国家政府的执政力来解决。但总的来说，马斯克认为政府以低干预模式管理国民，远离大众生活和业务的日常运营十分重要。他在2021年12月2日的推文中简明扼要地写道："总的来说，我认为政府不应该把自己的意志强加给民众,而当政府这样做时,应该力求最大限度地提升民众的幸福感。即便如此,我还是宁愿置身于政治之外。"

马斯克可能更愿意远离政治,但我们也看到了这有多难,特别是在他的几句推文便能引发大量激烈猜测和媒体关注的情况下。马斯克很清楚自己的推特账户可以掀起什么样的波澜。2022年3月14日一份震惊媒体的公告披露,马斯克买下了价值近30亿美元的推特股票,成了该公司最大的股东,持股9.2%。在消息公布的第二天,推特的首席执行官帕拉格·阿格拉瓦尔(Parag Agrawal)透露,已邀请马斯克加入公司董事会。显然,马斯克也接受了这一提议。然后,事情突然出现了大反转。2022年4月11日,阿格拉瓦尔在推特上解释:"埃隆·马斯克已决定不加入我们的董事会。"这条推文下还附有一封信,是写给不安的推特员工的。虽然推文没有提及这一决定的细节,但却明确说明了"埃隆·马斯克是我们最大的股东,我们会继续听取他的意见"。在这个180度大转弯的消息公布后,马斯克发布了一条神秘的推文,推文内容只有一个捂嘴的表情符号。

媒体对此进行了过分解读。其中一个主要原因是马斯克曾对推特发展所表现出的不满,这也可能是推动马斯克进行这笔投资的动力。在2022年4月5日的推文中,马斯克表示自己"很期望与帕拉格和推特合作,在接下来的几个月里对推特做出重大改进"!根据媒体对马斯克早期推文的整理,这些"改进"可能包括:推动推特无广告化;将旧金山总部转化为无家可归者的庇护所;降低推特"蓝V"认证高级订阅服务的价格,以及为用户提供通过加密货币狗狗币(Dogecoin)进行支付的选项。2022年3月25日,马斯克发布了另一条很重要的推文,马斯克在推文中提出了一个问卷调查问题:"言论自由对一个正常运转的民主国家而言至关重要。你觉得推特严格坚持这一原则了吗?"在2035924张投票中,70.4%的人投了"否"。第二天,有位"粉丝"问马斯克是否考虑自己研发一个全新的社交媒体平台,他对此做出了回应:"我正在认真考虑这件事情。"后来(2022年4月4日),他又发起了另一项民意调查:"你想要一个编辑按钮吗?"这个按钮可让你撤回已发布的推文,重新编辑。在440多万张投票中,73.6%的人选择了"是"。很明显,马斯克想重塑推特。讽刺的是,正如媒体很快爆出来的那样,实际上不进入董事会可以让他更好地发挥影响力,因为拒绝董事会席位后,马斯克便可规避最高持股14.9%的限制,如此一来他就有可能成为推特的大股东。此后不久,马斯克便提出以430亿美元彻底收购推特的提议,称"我认为有一个可以保障言论自由的包容领域是非常重要的"。推特随后接受了这一收购提议，只是收购金额涨到了440亿美元。

但正如马斯克赋予事件的颜色，故事并未到此结束。在2022年4月到5月间，马斯克针对推特垃圾邮件和机器人账户提出了一些重要问题：推特流量中真实用户的比例到底是多少？2022年5月13日，马斯克在推特上发表了一份令人震惊的声明，声明称"推特交易暂时搁置，等待细节支持计算结果，该计算结果显示垃圾邮件/虚假账户确实只占推特用户的5%。"这一声明拉开了马斯克与推特法律之战的序幕，马斯克在2022年7月8日退出了交易。推特起诉了马斯克，随后马斯克进行了反诉，但这些争议直到2022年10月才最终解决。此时马斯克重返协议，并成功接管推特。10月28日，收购交易最终达成，马斯克宣布"这只鸟自由了"。

马斯克对推特的收购引发了媒体和政界的轩然大波，而马斯克要彻底改变推特公司的承诺更起到了推波助澜的作用。2022年10月4日，他在推特上神秘地写道："收购推特是创建X的助推器，X是一款无所不能的应用程序。"媒体将其定义为一款在单一且极具影响力的数字环境中，融合多种功能（社交媒体、购物和服务、日历、短信、转账、电子支付）的应用程序。虽然马斯克自称"首席推特官"（Chief Twit），而且真的在践行"推特是自由的"愿景，还承诺要对推特的言论自由政策做出彻底改革，但马斯克也试图安抚广告商和不安的用户们,他承诺自己不会打造一个"所有人都可以自由发表观点的地狱"。

但显然,推特的员工知道自己有了一位新老板。2022年10月26日,马斯克在发布了一条内容为"我来推特总部了——你品,你细品!"的推文后,真的抱着一个水槽,走进了推特位于旧金山的总部。为了将推特打造成更精简、高效和赢利的企业,马斯克明确表示会进行重大变革。媒体报道称,公司会裁掉75%的员工。截至2022年11月初,已有50%左右的员工被裁。马斯克还表示,留在公司的员工必须做好"长时间高强度工作的准备",否则就应该考虑离职了。

> 埃隆·马斯克对机器人技术的态度既乐观又谨慎,特别是该技术还涉及人工智能。此图为2010年,参观加州费利蒙市特斯拉汽车新工厂的马斯克正在检查机械臂

因此，收购推特所引发的争议愈演愈烈。一些人预测，马斯克的收购会使推特走向衰败，引发用户（至少会因为马斯克提及的订阅模式流失）和广告商的流失，而另一些人则认为该公司即将迎来自己的黄金时代。事实却是，马斯克现在掌握着他最强大的宣传工具之一。

电动汽车的未来

Model S 上市一年后，特斯拉终于实现了首次赢利，季度收益达到了 5.62 亿美元。但时代在变化。2021 年，特斯拉的总收益为 538.2 亿美元，比上一年增长了 71%。2021 年 10 月，特斯拉的市值已经高达 1 万亿美元。目前，该公司在全球拥有 6 家大型工厂，仅 2020 年一年，特斯拉便生产了 50 万辆车。消费者无须再去车展厅挑选特斯拉车型，在线即可进行购买。汽车交付可选择送货上门，也可选择在配送中心自提。据估计，特斯拉的垂直整合，已经实现了 80%。这种生产控制程度在汽车工程领域几乎闻所未闻。早期关于马斯克将被大型汽车制造商碾压的预测早已荡然无存。更重要的是，特斯拉还在推出新的车型，如外形棱角分明、充满未来感的赛博皮卡（Cyber truck），特斯拉称其"比卡车更实用，比跑车性能更佳"；此外还有特斯拉 Semi，这是一款由四个独立引擎驱动的全尺寸卡车。

特斯拉最具革命性的研发项目之一，便是对"自动驾驶"技术的追求。2014年9月，特斯拉在所有车型上都添加了"自动驾驶"系统。这种先进的辅助驾驶功能，通过强大的车载软件对车身周围多个摄像头和传感器数据的分析，可以接管人类驾驶员的部分驾驶操作，如停车、在车道内行驶和转向、自动加速和制动，以及做出最佳的导航决策（比如，转向推荐的高速公路交汇处）等。由公司网站信息可知，自动驾驶功能仍"需要驾驶员的积极监管，请勿放任车辆自行驾驶"。在本书撰写期间，特斯拉即将实现完全自动驾驶技术。特斯拉官网澄清说："特斯拉所有新车的硬件，几乎满足将来在所有环境下实现完全自动驾驶的要求。该系统在短途和长途旅行中都适用，驾驶员无须进行任何操作。"

特斯拉并不是唯一一家追求自动驾驶技术的公司，马斯克对实现安全又合格的完全自动驾驶的追求也并非一时兴起。少数司机在使用自动驾驶模式时死亡，这引发了一些对自动驾驶技术的质疑。马斯克在接受莱克斯·弗里德曼（Lex Fridman）的采访时，被问及自动驾驶的问题，对此他停顿了一下，然后答道：

> 我对解决自动驾驶问题的难度有预估，但这一技术的难度还是超出了我的预期。……这项驾驶技术需

要一大堆讨厌的软件工程师编写大量的智能代码。当我们乘坐自动驾驶汽车穿梭于各地时，我们的生命和安全都掌握在这些数字软件和传感器的手里，在我们实现这一切之前，还需要克服重重难关。事实上，2022年8月，加利福尼亚州交通管理局还因这项技术起诉了特斯拉，诉讼称特斯拉的宣传误导了客户对自动驾驶功能和完全自动驾驶功能的认识。我在解决未来技术问题方面持有无比积极的态度，再加上大量代码的支持，我们相信让特斯拉自动驾驶汽车随处可见，可能只是时间问题。

特斯拉的发展历程并非一帆风顺。跟马斯克的其他企业一样，特斯拉一路走来，也是争议不断。2001年，一小群女性员工控诉特斯拉存在性骚扰行为，其中还涉及马斯克自己的一些行为和态度。特斯拉一直存在因违反健康和安全规定而引发的劳资纠纷，而且它在财务申报和反竞争方面的一些做法也很令人担忧。还有人指控特斯拉的一些工厂存在种族歧视问题。马斯克对新冠疫情居家令的挑衅也引发了政府和媒体的冲突。然而，无论外界对马斯克和特斯拉的看法如何，无论某些指控多么合理，这家公司和它的首席执行官都始终将目光投注在既定目标上，没有丝毫要减速的迹象。

ELON MUSK

第五章

全景

河流的流动常会用于比喻财富和权力的累积。河流在自身流向大海的过程中会衍生出许多功能,如为河流两岸的居民提供饮用水和洗漱用水,推动水力发电设施运转,为船只提供航道等。但随着河流流量和流速的提升,会有更多机会涌现出来。河流会衍生出很多不同的支流,随后,这些小溪流或小河流会在更广阔的区域发挥自己的功能,作物灌溉便是一个代表。因此,支流源自主流,并在一定程度上依赖主流,但随着时间推移,支流也会拥有自己独立的价值。

以此类比商业扩张和财富增长也十分形象——流经这条河流的资金越多,就有更多的机会将部分财富分流到可以产生财富的支流中。这本质上就是古谚语"钱能生钱"的形象化阐释。

以埃隆·马斯克为例,我们可以清楚地看到其商业扩张是如何随着时间推移深化、加速和扩展的。Zip2 产生的资本催生了 X.com 和之后的 PayPal;PayPal 最终的并购为 SpaceX 和特斯拉的发展提供了支持;这两家公司也拥有自己的分支，SpaceX 涵盖从通信卫星到火星飞行的多项业务，同时如我们所见，特斯拉的业务涉及从电动汽车到太阳能电池板和能源储存诸多领域。在本章，我们将把关注重点拓展到马斯克商业版图的一些其他角落，这些新水流可能会发展为未来的河流。

然而，马斯克商业和知识帝国的不同之处在于，马斯克在其真正关注的领域实现了所有元素的基础整合。马斯克并不是一个漫无目的的风险投资家，他拥有"多样化的投资组合"，组合中的业务虽看似互不相关，但都有利可图。相反，从长远来看，他的企业构成了一幅非常完整的拼图。能源、太空、交通工具和计算机辅助智能可能看起来像是毫不相关的商业投资，但对马斯克而言，这些投资都源自同一心理空间，他的投资也为这些领域的交互提供了更多的可能性。马斯克的投资组合的本质是通过技术优化人类未来。

太阳城公司和特斯拉能源公司

埃隆·马斯克是清洁能源的忠实信徒。特斯拉对理想电动汽车的追求，对能源存储研究的持续投资，以及一代比一代高效的电池都体现了这一点。要给电池充电，你首先要有一个充电桩。在现代社会，电能通常来自燃烧化石燃料的发电厂。然而这并不意味着电动汽车没有净节能——发电站的化石燃料燃烧效率要远远高于单个车辆使用化石燃料效率的总和。但清洁能源革命的下一阶段是完全摆脱对化石燃料发电的依赖。马斯克倡导的途径之一是核能发电，核能在提供可持续清洁能源方面的优势要远远大于它的风险。人们担心 2022 年 2 月爆发的俄乌战争会引发欧洲的天然气危机。3 月 6 日，马斯克在推特上对此做出了回应："很明显，现在欧洲应该重启休眠的核电站，并增加现有核电站的数量，这对国家和国际安全至关重要。"马斯克环保思想的另一主要方面是太阳能，在他看来，太阳能的可利用性要远远高于核能。

值得注意的是，我不确定人们是否意识到了这一点，但如果你有足够大的电池容量来储存太阳能，那世界所使用的太阳能能源就会提高很多倍，可能是一千倍，这是真的可以实现的。地球从太阳接收到的能量高得惊人。我们在天空中有一个巨大的核聚变发电机，它会释放大量的能量。我想说的是仅仅使用陆地面积便可实现以上设想，这真的很神奇。事实上，我还有一个小建议。如果拿一个核电站当前的电流输出，与在核电站面积内铺设太阳能电池板的储能相比，由于核电站通常都会有一个面积很大的禁区，可能是直径大约5千米的范围，人们通常不会在这个区域里高密度地建造任何办公楼和住宅区，因此核电站周围会产生一块很大的隔离区，如果在铺设太阳能板时，将隔离区也考虑在内，那同样面积下太阳能板所产生的电能要高于核电站所产生的电能。

马斯克将对太阳能的执念转化为了自己的另一家企业，这家大企业的前身是太阳城公司。

跟特斯拉一样，太阳城公司的创始者并非马斯克，但他参与了公司的重要融资，并为其发展贡献了自己的智慧。2004年，马斯克向自己的两个表兄弟林登（Lyndon）和彼得（Peter）建议，太阳能行业潜力巨大，是非常值得投资的环保领域，未来拥有很大的利润空间，是个很好的机会。彼时的里夫兄弟经营着一家成功的数据管理公司Everdream，对新机会也很感兴趣。因此，在经过一番深思熟虑和调研后，彼得·里夫和林登·里夫在2006年7月4日创立了太阳城公司，马斯克担任公司董事长，也是该公司最大的独立投资人，拥有该公司30%的股权。

以下是太阳城公司的商业运行模式：兄弟俩采购太阳能电池板进行安装，如此一来就没有生产成本；同时提供系统运行所需的软件，软件是自主研发的。然后便是公司运营的关键部分：客户无须支付前期购买太阳能电池板的费用，在2008年，一套普通住宅大约需要20000美元的太阳能电池板。取而代之的是，客户须每月支付固定的租金，长期租赁这些太阳能电池板。资金由摩根士丹利（Morgan Stanley）通过太阳城公司提供。

太阳能租赁逐渐成为美国国内太阳能产业的主导模式，并让太阳城公司在初期取得了巨大的成功。到2013年，太阳城公司已经成为美国家用太阳能安装行业的领军者，同时也是该行业的主要商业服务供应商，曾为沃尔玛（Walmart）、英特尔（Intel）和美国军方提供太阳能安装服务。该公司的规模足以收购其他几家一流的太阳能公司。截至2015年，该公司已有15000多名员工。到2016年，太阳城公司已为超过32.5万名客户提供了太阳能安装服务。

马斯克从公司成立伊始就在参与太阳城公司的经营，并将这家公司与自己的其他业务线串联起来。2006年8月，马斯克在特斯拉的官方博客发布了一篇有趣的文章，标题为《特斯拉的秘密宏图（你知我知）》[The Secret Tesla Motors Master Plan（just between you and me）]。他在文章中详细阐述了自己对电动汽车能源的看法，但在文章结尾部分，有一个标题为《成为优势能源》（Becoming Energy Positive）的章节。其第一段便提到了太阳城公司。

我应该提到过，特斯拉汽车将会同其他汽车公司一起推动可持续能源产品的推广。比如，相较于其他选择，我们将提供规模适中、价格适当的太阳能电池板，这些电池板均产自太阳城公司：我也是该公司的主要投资者。小巧的体积让这个系统在安装位置上有了更多选择，既可以安装在偏僻的屋顶，也可安装在车棚顶部，每天产生的电力足够电动汽车行驶50英里。

太阳能电池板的安装只是特斯拉与太阳城公司合作的开始。2011年，太阳城公司一度有机会在加利福尼亚州为特斯拉电动汽车建造充电站，但这一想法并未实现，因为第二年特斯拉就拥有了自己品牌的充电站。但在2014年，太阳城公司开始向企业和国内客户销售特斯拉生产的大功率电池组。自2012年以来，特斯拉一直在向工业企业销售工业电池存储单元，这是一个不断拓展的商业领域。为了支撑业务发展，特斯拉还在内华达州（Nevada）建造了一家名为内华达超级工厂（Giga Nevada）的新锂离子电池工厂，于2016年投产。2013年4月，马斯克宣布特斯拉的新分支——特斯拉能源公司（Tesla Energy）成立，这家分公司专注电池供应市场，工业用的Powerpack和民用的新型Powerwall是其研发的两款主要产品。特斯拉能源还在 2019 年推出了特斯拉 Megapack，一款能储存 3 兆瓦电量的装置。

值得注意的是，电池是马斯克环保思想的重中之重。尽管在我们看来，这些电池看起来平淡无奇，可以再想想我们装入家用电器的背夹式电池。2020 年 9 月，马斯克说，人类需要以前所未有的速度推动电池存储技术和解决方案的发展，让家庭和企业可以储存太阳能和风能等可再生资源的能量，以便在能源供应不足时使用，也可将生成的电量销售给供电公司。

2015 年到 2016 年间，太阳城公司快速发展的势头受到重击。美国太阳能行业监管法规的进一步规范和市场变化使行业利润锐减。在新客户数量和收入锐减的情况下，该公司在 2016 年被迫裁掉了 3000 多名员工（占公司员工数量的 20%）。随后在 2016 年 8 月 1 日，特斯拉宣布将斥资 26 亿美元收购太阳城公司。现在太阳城公司已并入特斯拉能源，由特斯拉首席执行官埃隆·马斯克直接管理。林登·里夫和彼得·里夫于 2017 年退出了公司。

从多个层面来看，马斯克都应该收购太阳城公司。不仅因为这家公司的创始人之一是马斯克，以及它同特斯拉之间的业务关联，还因为这家公司合理拓展了马斯克的清洁能源规划，将这种规划拓展到了太阳能领域。马斯克及其公司还为太阳城公司注入了大量资金；2015 年，SpaceX 收购了该公司价值 1.65 亿美元的债券。在此之前，SpaceX 从未投资过任何上市公司。在 2016 年 7 月 20 日的一篇博文中，马斯克对这次合并做出了解释。

> 如果特斯拉和太阳城公司是两家不同的公司，我们很难完成这个规划……尽管两家公司起源相似，在追求可持续能源这一总体目标上有着一致追求，但它们是两家完全独立的公司，这种局面很大程度上源于历史偶然性。既然特斯拉准备拓展 Powerwall，太阳城公司也准备开拓高度差异化的太阳能市场，那是时候将他们合二为一了。

但收购太阳城公司是马斯克职业生涯中最具争议的商业决策之一。收购一家陷入财务困境的企业，这一行为令投资者大为震动。为此，特斯拉的股票估值几乎瞬间蒸发了 33.8 亿美元，一群特斯拉的大股东向马斯克和特斯拉提起了法律诉讼，称太阳城公司存在严重的资金流动性问题，几乎濒临破产，马斯克知道这一情况，但却未在收购审批流程中提及此事。他们指责马斯克此举更多的是为了自己的利益，而不是为特斯拉和股东的利益考虑。2022 年 1 月 18 日，路透社

（Reuters）的报道称，在该案的结案陈词中，利益受损的股东们"在周二敦促法官认定埃隆·马斯克胁迫公司董事会接受2016年的太阳城公司收购协议，并要求法官判罚这位首席执行官向这家电动汽车公司赔付130亿美元，这是史上最大的诉讼赔偿之一"。然而，特拉华州（Delaware）的法院在2022年4月下旬对此做出了判决，认定马斯克在太阳城公司收购中无不当行为。

进军太阳能领域也给埃隆·马斯克带来了其他挑战，其中就包括2019年沃尔玛对特斯拉发起的诉讼。沃尔玛在诉讼中称，其7家门店因安装的太阳能电池板存在质量问题而发生了火灾。尽管最后沃尔玛接受了和解，并于2019年年底撤销了此案。能源业务的开展也很艰难。路透社2019年11月的报道称"特斯拉太阳能电池板的市场份额一直在下降，这家总部位于加利福尼亚州帕洛阿托的公司还因此削减了销售人员的数量。从1月到9月，特斯拉能源生产和存储业务收益同比下降了7%，降至11亿美元"。

特斯拉能源研发的太阳能瓦，即外观和功能类似传统屋面材料的光伏板，也存在严重问题。虽然"太阳能屋顶"早在2016年在《绝望主妇》（*Desperate Housewives*）的拍摄现场便出现了，但后来发现该产品无法正常使用。到2020年，该产品仍难以实现量产。彭博社（Bloomberg）在2021年6

月 23 日发表了一篇文章，题为《特斯拉的太阳能产品是失败之举——只是埃隆·马斯克的一种执念而已》(Tesla's Solar Rollout is a Bust –And a Fixation for Elon)。

2021 年 7 月 12 日，埃隆·马斯克在太阳城公司庭审结束后，走出特拉华州威明顿市（Wilmington）的法庭，并一直在被追问有关特斯拉 2016 年以 20 多亿美元收购太阳城公司的问题。马斯克在通往成功的路上要时不时地应对各种法律诉讼

对马斯克而言，特斯拉能源可能是更具挑战性的投资之一。然而，如果说时间证明了马斯克的一个特质，那一定是他顽强的毅力，这让他敢于直面最严厉的批评，并最终取得几乎震惊所有人的突破性结果。2020 年，公司业务再次实现了增长。这一年，公司安装了 205 兆瓦（MW）的太阳能系统

和 3022 兆瓦的电力存储装置。2021 年，这两个数字便分别大幅度跃升至 345 兆瓦和 3992 兆瓦。时间会告诉我们，特斯拉能源在未来是否还能继续产生重要影响。

挖掘地下空间

2016 年 12 月 17 日，埃隆·马斯克发布了以下推文："堵车快把我逼疯了。我要建造一个隧道挖掘机，然后开始挖掘……"。在其他人看来，这不过是诙谐的抱怨，但对有远见和手段的马斯克而言，这预示着一个新风险项目的开启。这次，马斯克不再关注太空或路面行驶，而是着眼于地下，在地面之下寻求未来交通的其他可能性。2017 年 12 月 17 日，马斯克宣布自己正在组建钻洞公司（The Boring Company，TBC）。

这个诙谐的名字源自马斯克当时的妻子妲露拉·莱莉的灵感，这个名字也暗示了该项目最初的随意性。即使马斯克更愿意将 TBC 定义为"个人爱好"，自己只会投入 2%~3% 的时间来管理，但他还是兴致勃勃地组建了这个项目的团队。

事实上，早在 TBC 成立之前，马斯克便尝试过地下隧道项目。为《滚石》杂志撰稿的记者尼尔·施特劳斯表示，某次在加利福尼亚霍桑（Hawthorne）的 SpaceX 采访马斯克时，看到员工们正忙着将自己的车挪出员工停车场，这么做的原因：马斯克曾问过他们，他们大概需要多久能将自己的车从一个停车场转移到另一个停车场。他们的答案是两周。马斯克回答道："让我们从今天开始，一天 24 小时不间断地工作，看看从现在到周日下午，我们能挖多大的洞。"三个小时后，所有的汽车都开走了，马斯克的工程团队开始破开地面。

2018 年 12 月 18 日，埃隆·马斯克在加利福尼亚霍桑的钻洞公司霍桑测试隧道的揭幕仪式上向媒体记者发表讲话。马斯克解释说，他的目标是改变隧道钻探和城市交通

TBC 很快便凭借自身实力跻身大型工业企业之列，成了马斯克壮阔技术版图的一部分。成立之初该公司是 SpaceX 的

下属分支，但在 2018 年，它分离出来成了一家独立的公司。马斯克持有公司 90% 的股权，其余股权在一些重要员工手中。后来，SpaceX 也拿到了 6% 的股份。但 TBC 的目标是什么呢？公司官网首页列明了总体目标（截至 2022 年 4 月 19 日）："钻洞公司致力于打造安全、挖掘速度快且成本低的运输隧道、多功能隧道和货运隧道。公司的使命是解决拥堵问题，实现快速的点对点运输，改造城市。"显然，马斯克又在规划大事了，但跟以往一样，里面蕴含着一条逻辑。

马斯克承认，电动汽车的发展对解决全球城市交通拥堵问题毫无帮助。事实上，电动汽车可能反而会让这个问题更严重，因为它最终会成为比公共交通更便宜的出行选择。高架公路只能建这么高，而将空中运输工具用于大宗运输也很不现实。但隧道，可以在高速公路的深层地基下进行多层挖掘。马斯克还指出，最深的煤矿有 1 英里多深，因此隧道挖掘有巨大的三维空间可探索。如果将交通分流到地下隧道，那城市将会变得更加美丽、宁静。此外，隧道交通秩序井然，但速度很快，马斯克设想的最高时速为 241 千米，自动驾驶技术使汽车行驶更加平稳、有序和顺畅，不再排长队，走走停停。隧道交通还可以规避外部天气影响，不会在地面形成噪声污染，多层道路也不会再将居民区和绿地分割开来。用 TBC 的话来说，便是"路面交通和拥堵将成为过去时"。

然而，马斯克没有提及的是，他要像其他公司一样运营隧道公司。相反，他的目标是发挥自己所有的革命精神来改变隧道行业及其相关工程，这种革命精神在他的其他企业发展中都发挥了重要作用。TBC建造的首条隧道是1.8千米长的霍桑研发测试隧道（R&D Hawthorne Test Tunnel），该隧道起点是SpaceX大楼。2018年12月，这条狭窄、干净且光线充足的隧道空间首次向媒体开放。发布会上，马斯克解释了有关隧道的很多想法。比如，如何让隧道建设更便宜、更快速。他用一张幻灯片介绍了当前隧道建设的情况，即当前隧道建设速度缓慢，每千米隧道建设需要3~6个月的时间。马斯克指出这比蜗牛的爬行速度还慢14倍，而且价格非常昂贵，每千米造价高达10亿美元。TBC将会采取截然不同的方式。主要创新点如下。

1. 打造直径更小的隧道——专为电动汽车打造的隧道，电动汽车没有尾气排放，因此也无须在隧道中安装烟雾回收系统。隧道直径可因此缩小，更小的直径便意味着更少的浪费和更快的挖掘速度。
2. 实现隧道掘进机（TBMs）直径标准化，以提升物流效率。
3. 研发将隧道挖掘和加固融为一体的隧道掘进机。现在大多数隧道掘进机都需要频繁地停止作业，以便其他施工人员安装加固措施。

4. 研发切削功率是普通行业机械三倍的隧道掘进机。

5. 已挖掘土壤的再利用。这些土壤可以制成砖出售，砖块的销售有可能填补隧道的挖掘成本。

6. 实现隧道挖掘过程高度自动化，以提高挖掘和物流效率。

埃隆·马斯克在 SpaceX 的霍桑工厂检查隔热板组件。他在 SpaceX 的"总工程师"头衔并非浪得虚名——马斯克是一个严谨的科学家兼工程师，参与了太空项目研发很多方面的工作

这些创新已经取得成果。霍桑隧道的完工成本不到 1000

万美元。随后，在 2019 年 5 月，TBC 拿到了一份 4870 万美元的地下环线系统建造合同。借助这个系统，人们可以直达已经扩建至 200 英亩的拉斯维加斯会议展览中心（Las Vegas Convention Center，LVCC）。拉斯维加斯会议中心环线（LVCC Loop）是一条长 2.7 千米的双隧道设施，沿途设有三个站点，隧道将拉斯维加斯会议中心西大厅（LVCC West Hall）和现有校园衔接了起来。TBC 宣传部对此解释道："为了提高摩托车拍卖会（Mecum Motorcycle Auction）的服务质量，2021 年 4 月，拉斯维加斯会议中心环线正式开放，并在后续会议期间提供了便利的交通支持。在 2021 年拉斯维加斯汽车零配件展（SEMA）开展期间，拉斯维加斯会议中心环线每天运送 24000~26000 名乘客。在 2022 年国际消费类电子产品展览会（CES）开展期间，拉斯维加斯会议中心环线每天运送 14000~17000 名乘客，平均乘坐时间不到两分钟，平均等待时间不到 15 秒。"隧道内运送乘客的车是特斯拉 Model 3 和 Model Y。然而，TBC 在拉斯维加斯的规划远不止如此。拉斯维加斯会议中心连接隧道（Resorts World–LVCC Connector）将直接连接拉斯维加斯大道（Las Vegas Strip）上的名胜世界和拉斯维加斯会议中心。本书撰写期间，第一期工程已经完工。规模更大的"拉斯维加斯环线"（Vegas Loop）目前正在建设中，这是一条长 47 千米的隧道网络，"涵盖拉斯维加斯会议中心环线和所有的未来隧道服务扩展，如通往拉斯维加斯大道沿线赌场、哈利·里德国际机场（Harry Reid International Airport）、忠诚体育场（Allegiant Stadium）、拉斯维加斯市中心以及最终通往洛杉矶的隧道。拉斯维加斯环线将为拉斯维加斯本地居民和游客提供快速而便捷的交通"。

TBC 未来将走向何方还是个未知数。但可以肯定的是，马斯克的公司正在探索隧道挖掘技术的极限。大型连续采矿机"普鲁弗洛克"❶（Prufrock）隧道掘进机是 TBC 研发设备中最先进的一款，可在到达现场后 48 小时内从地面向下挖掘 3.6 米，且无须提前挖掘造价高昂的始发基坑。TBC 表示，普鲁弗洛克掘进机的"中期目标"是掘进速度超过人类步行速度的 1/10，即每天 7 英里。

其实，TBC 最大的野心是建造超级高铁，一种区域性的长途运输系统，乘客可以乘坐磁力推进的自动电动吊舱以超过 966 千米 / 时的速度在全国各地穿梭。为了减少风阻，隧道进行了特殊密封处理，形成低压环境。SpaceX 超级环路列车测试轨道的开发始于 2015 年，到 2016 年，该轨道已经完成了全部的轨道建设。TBC 的宣言和梦想并未说服所有人，这

---

❶ 所有隧道掘进机均以诗歌和戏剧命名，"普鲁弗洛克"来自英国诗人艾略特的情诗《普鲁弗洛克的情歌》。

其中包括很多工程评论家。但事实证明，马斯克从来不是一个会被专业人士的质疑吓退的人。

马斯克对创新有着无尽的兴趣，特别是那些由充满活力的青年人才带来的创新。此图摄于2017年1月，加利福尼亚州霍桑正在举办SpaceX超级环路列车竞赛，马斯克正在研究HyperXite团队（加州大学欧文分校）的吊舱。来自全球30所高校的学生在SpaceX总部1.25千米长的超级环路列车轨道上测试了自己的吊舱

数字视野

鉴于埃隆·马斯克深厚的技术背景和个人兴趣，人们通常都会认为他会认可所有计算机高端技术的进步。其实，马

斯克的观点很微妙，特别是在人工智能的问题上。马斯克曾公开表示，自己相信人工智能的力量和优势，也很看好人工智能的发展，但他对人工智能与机器人技术的结合持谨慎态度。马斯克以《终结者》（Terminator）中机器人掌控世界的暗喻表达了自己的担心，盲目推动人工智能机器人的发展可能会导致机器的能力远远超过人类，并最终完全统治我们，或产生其他更糟的结果。

如果人工智能设定了一个目标，而人类恰好挡了它的路，那么人工智能无须思考，便会理所当然地消灭人类，而且事后也毫不内疚。这就像我们正在修路，而蚁丘正好挡住了前进的路一样。我们并不讨厌蚂蚁，我们只是在修路，所以——再见了，蚁丘！

2017年，在华盛顿特区（Washington.D.C.）无党派政治组织全国州长协会（National Governors Association）的一次会议上，马斯克以更温和的措辞表达了类似的观点："未来机器人在任何方面都会比我们更出色。我接触过非常尖端的人工智能，我认为人类应该正视它。"

马斯克对人工智能的担忧，主要表现在两个方面。首先，马斯克同其他一些投资者在2015年12月共同组建了OpenAI，这家研究机构将自己的使命定义为"为创建安全的 AGI[1] 进行长期的基础性研究"。投资者为此项目共注资 10 亿美元，即使马斯克在 2018 年辞去了董事会职务，也仍然继续为该项目提供资金支持。

　　有关 OpenAI 的书籍里介绍了一系列很引人注目的项目，从自然语言人工智能的进步[2]到研发能够让机械手复原魔方的神经网络均有涉及。但马斯克对人工智能的看法中最有意思的可能是他对未来人类和人工智能在生物学层面融合的看法。鉴于马斯克对不受束缚的人工智能未来走向的担忧，他最终的答案令人十分震惊：他没有选择放弃人工智能，而是选择让人工智能走进人类的生活，与人类保持更深层次的共生，从而让人类获得技术层面的掌控权。2015 年 12 月，他在《西雅图时报》(Seattle Times) 的采访中说道："为了确保我们拥有美好的未来，我们最应该做什么？我们可以袖手旁观，可以推动各种监管措施出台，也可以采用对人类安全而有益的方式，与深度关切人工智能发展的人和机构合作。"

　　马斯克与未来人工智能之间关系的另一重要表现是成立

---

[1] Artificial General Intelligence，通用人工智能，亦被称为强 AI，指的是具备相当于人类智慧程度的 AI。
[2] 如计算机完全根据文本描述绘制画像。

了神经链接公司。2016年，马斯克与神经科学、生物学和机器人学方面的学术专家共同创建了这家神经技术公司，但直到2017年3月才向媒体宣布。报道称，截至2019年7月，马斯克本人已为这家公司注资1亿美元。

神经链接公司公布了其目标："神经链接公司是一个非常有才华的团队。我们正在探索脑机接口的未来：目前正在打造能帮助瘫痪人群的设备，研发可以提升能力、扩大社区和拓宽世界的新技术。"公司研发工作的深度细节基本上都是保密的，但神经链接公司却感觉自己正在钻研科幻小说。事实上，神经链接公司的"神经织网"（neural lace）设想——通过在大脑中插入极其精细的探针，实现按照大脑指令进行阅读、解释和行动，与伊恩·M.班克斯的系列科幻小说《文明》的虚幻宇宙中描述的"神经织网"概念存在一定的关联性。

神经链接公司的短期目标是帮助瘫痪人群仅通过脑力操控计算机和电子设备，目前已成功实现让猴子通过意念玩电子游戏。但神经链接公司承认："这项技术有可能会用于治疗许多神经系统疾病，用于恢复感觉和运动机能，并最终拓展我们与他人、世界和自身的交互方式。"科学界对神经链接公司的工作有诸多批判。毕竟立场不同，对此研究结果的看法也不同。有的人认为这是重大进步，有的人则为此感到不安。

马斯克在 2021 年 2 月接受俱乐部会馆媒体平台（Clubhouse）采访时，谈到了各种可能性。

一个月前的"你"跟今天的"你"是不一样的。我的意思是"你"的一堆脑细胞已经死亡，一些记忆淡化，一些记忆变得更加清晰，还出现了新的记忆。所以不管怎样，重点是你都不再是以前的你。你可以将自己保存成类似电子游戏的东西，就像保存游戏场景一样。你也可以借助这个东西还原自己，加载自己之前的状态。是的。就像《碳变》（Altered Carbon）[1]里一样。从长远来看，虽然失去了一些记忆，但绝大部分仍是你本人。神经链接公司的短期目标只是想解决脑损伤和脊柱损伤所引发的问题，以及通过植入芯片修复某些人类丧失的机能。

从根本上将记忆与科技集成的想法令人瞠目结舌，并引发了道德层面和存在主义层面的极大质疑。神经链接这类公司似乎正在为我们打开一扇新的大门，门内可能是阳光灿烂

---

[1] 科幻电视剧，设定可以进行意识的转移。

的壮阔美景，也可能是黑暗幽深的小巷。马斯克正在竭尽所能确保我们的未来是前者。在某种程度上，神经链接公司为人类提供了弥补智力、机能和意识差距的可能性。也许有一天，我们都能拥有马斯克般的思维。

除了试验数字人机接口，马斯克的投资和创新还涉及纯机器人领域。2022年9月30日，特斯拉庆祝了一年一度的人工智能日（AI Day），也是公司最新技术的展示日。最令人难忘的时刻，莫过于马斯克站在一旁，看着特斯拉人形机器人擎天柱（Optimus）的原型摇摇晃晃地走上舞台，与他一起向人群挥手致意，并跳了一段基础舞步。马斯克阐释了自己对擎天柱的规划，即在三到五年内，人们只需花费不到2万美元的费用，便能拥有自己的机器人伴侣，而公司则能拥有自己的机器人员工。这些机器人的技术支持部分源自特斯拉汽车的自动驾驶技术，可以承担大量的家务和工业劳动，但也能拥有自己的个性和平易近人的外观，从而更具亲和力，不具威胁性。跟以往一样，擎天柱的亮相引发了媒体的热议，有的祝贺，有的嘲笑讽刺，但这也体现了马斯克的新视野对我们日常生活的深刻影响。

接受教育

马斯克是一个对智能以及智能的形成、表达和实际输出都非常感兴趣的人。这种兴趣带领他进入了数字和人工智能的重要领域，也促使他开始探索如何在社会层面培养智能。要解决这个问题，就要解决教育问题。

总的来说，马斯克对正规教育，尤其是美国正规教育目前的结构和实践方式深感不满。教育是一个机会，通过这个机会年轻人既能拥有学习的热情，也能掌握一系列智能工具和知识，让他们在未来受益良多。在马斯克看来，美国目前的绝大多数标准州立教育和私立教育体系都无法实现这些目标。这种教育失败一直持续到大学阶段，各大高校每年收取数万美元的学费，但这些教育往往无法提升学生对未来的认知或他们的就业优势。马斯克一如既往地想直接解决这个问题，即建立自己的教育体系。

在深入探讨这个教育试验前，我们需要更准确地解读马斯克的教育观。在 2014 年西南偏南音乐节活动上，马斯克被问及打算如何改变教育体系。他的回答清楚地反映了他思考问题的"第一性原理"策略。

一般来说，人们期望教育像一款电子游戏，充满趣味性。大人无须叮嘱，孩子便会自己整天沉溺其中。所以，如果你能让教育更具互动性和参与性，教育才能更加吸引人，教育目标也才更容易实现。所以应该抛弃年级制度，让人们在每个科目上以个人最快的速度取得进步。……这件事情显而易见。

马斯克接着说，当前的学校教育仅仅是一种汇报，老师站在教室前方，讲授他们多年来一直在讲授的内容。在其他地方，马斯克还阐述了另一个观点，即学校的实际教学内容与现实世界的解决问题严重脱节。这种倾向会进一步让学生与学习脱节，同时也导致以这种方式培养出来的年轻人并不总是具备足够的能力。

同是在西南偏南音乐节上，有人问马斯克是不是"没必要"读大学。考虑到自己的很多听众可能已经或正要支付大学教育的数万美元学费，他的回答直中要害："大学教育通常是没有必要的。这并不是说所有人都不需要，但我认为你在整个大学期间学到的东西，可能跟你大学头两年学到的东西一样多，而且大部分都是从同学那里学到的。"

很明显，马斯克的个人经历可能会对他的教育观产生影响，特别是马斯克生命中的很多重要飞跃的实现方式都颠覆了传统认知，而且很大程度上也颠覆了传统教育。他曾表示，在雇用员工时，他更喜欢那些从大学辍学进行创新和有趣探索的人，而不是那些尽职尽责完成学业的人。他还表示，学术成就高的人并不一定会在工作上有出色的表现和成就。在另一次演讲的总结陈词里，马斯克说："我们需要抓住一些振奋人心的新东西，并用它们取代当前严重过时的教育体系。"

马斯克从 2014 年开始低调地践行自己的教育观。据报道，他让自己的五个孩子从私立学校退学，进入自己创办的学校 Ad Astra[1]，就读。顾名思义，这座学校位于加利福尼亚州霍桑的 SpaceX 大楼内，作为家庭教育类项目，仅向马斯克的孩子和部分 SpaceX 选定员工的孩子开放。学校规模不大，最初仅有 9 名学生，由善于激发灵感的约书亚·达恩（Joshua Dahn）和另外一位老师授课。达恩曾在马斯克的孩子就读的私立学校任职。

Ad Astra 是一所免费的非营利性学校，但 2018 年《华盛顿邮报》（Washington Post）的一篇文章却称其为"世界上最独特的学校"。这篇文章和科技艺术（Ars Technica）网站同期发表的另一篇文章，揭示了很多 Ad Astra 可对外开放的细节——当时学校官方信息的唯一来源是学校的领英页面。截

---

[1] 拉丁语，语意为"终抵群星"。

至 2018 年，学校仅有不到 50 名 7~14 岁的学生。美国国税局 990 表格（IRS Form 990）显示，马斯克本人是该校的重要资金来源，他在 2014 年和 2015 年分别向学校捐赠了 47.5 万美元。

Ad Astra 的教育方式的与众不同之处在于该校以解决现实世界问题为导向。教学计划不再严格划分学科，如英语、历史、数学等，学生需要解决复杂的多层次问题，并掌握解决这些问题所需的技能和知识。这些问题通常都与马斯克比较关心的问题，以及他认为在现代社会应该掌握的技能息息相关。这导致外界对课程设计争论不休。科技艺术网站的文章称，学习的重中之重是科学、数学、工程学，有趣的是，还有伦理学。体育、音乐和语言并未包括在内，据说后者是因为马斯克认为计算机辅助翻译终将消弭语言学习的必要。另一课程模块侧重人工智能——马斯克认为人工智能技术存在潜在威胁，鉴于这一点，无疑要在这个模块引入伦理学。据说，课程每年都会根据前一年的经验和学科领域的发展进行修订，学生能自行决定大约一半的学习内容。

但这些创新不仅仅局限于课程，还深入了课堂教学。该校早期领英页面的声明如下："Ad Astra 致力于激发学生的学习热情、持久的好奇心和无限的想象力。我们是一所拥有科学、技术和教育领域先进理念的试验学校。……Ad Astra 致力于激发每一个学生的所有潜力。"此处的"试验学校"一词至关重要——Ad Astra 的绝大部分教学重点都是以项目为基础的。学生解决了先进的技术挑战,特别是在"A-frame"模块中,该模块包括气象气球构建和制造战斗机器人。学生会学习如何使用 Scheme、Scratch 和 Swift 语言编程,而且很多人还参加了在线自学课程。学生创建的网站数量激增。值得关注的是,为了提升内部交易项目的真实性,该校还创建了自己的数字货币。学生每周都需要完成一个叫作 Folio 的作业,深入研究一个重点主题。科技艺术的文章还说:"这周主题可能是邮轮行业,下周主题则可能聚焦中产阶级化。"在某次作业中,学生被划分为美、中、朝三国代表,然后进行核武器谈判。达恩告诉科技艺术网站的记者:"最终,朝鲜代表团的一位成员将世界推向了一场核浩劫。对那个孩子而言,那真是一个影响深远的时刻。"每件事他们都亲力亲为,或进行充分沟通。学校坐落在真实的火箭工厂里,这为实现这一目标提供了完美的环境。

科技艺术的文章称 Ad Astra 营造的"氛围更像风险投资孵化器,而并非传统意义上的学校"。但很明显,这正是很多硅谷家长希望自己孩子所拥有的。根据 2017 年科技艺术的文章,有 400 个家庭竞争该校的 12 个入学名额,入学筛选方式是儿童心理学家开发的推理测试。

而公众对 Ad Astra 教育的趋之若鹜促使马斯克和达恩进一步思考，怎样将该校的教学理念扩展到公共领域中，让其他人在 SpaceX 社区以外也能接受以现实世界为中心的教育。在这个想法的影响下，2016 年他们创建了网络学校 Astra Nova，也由达恩领导，主要招收 6~14 岁这一特殊年龄段的学生。根据达恩自己的说法，Ad Astra 与 Astra Nova 网络学校的主要区别在于："Ad Astra 隶属于 SpaceX，仅有 50 名学生；而 Astra Nova 是一家线上学校，旨在通过分享我们的工作经验来惠及千万人。"

Astra Nova 的网站既精简又超现代，上面提供的教育内容，展现了其适应性批判思维的展望。"难题"部分以视频动画的形式呈现了各种道德和智力困境。例如，第一个问题："蓝色彗星难题"（Blue Comet Conundrum），学生们必须根据视频中每个人的背景故事，决定由谁（科学家、学生或宇航员）来命名天空中新发现的一颗蓝色彗星。网站的第二个主要学习区是"综合"部分，是一个以 Ad Astra 的实践为基础协作解决问题的课程。"综合"部分的宣传视频表明，在一个快速变化的世界里，"我们认为孩子需要学会如何独立思考。他们需要练习通过协作解决复杂问题，练习在不确定的情况下做出艰难抉择"。通过 Astra Nova，学生可以同"世界各地的同龄人和辅导员"实现在线协作。孩子们组队竞争，共同解决复杂问题，这些问题改变了我们在现实世界中的艰难抉择。他们建立网络，策划艺术收藏，管理海洋生态系统，控制野火，移居太空。"综合"部分的重点是让学生"练习与他人协作一起做出艰难抉择"，这正是该校认为 Astra Nova 在线教育与其他大多数学校教育的区别。

达恩一直是 Ad Astra 和 Astra Nova 在线教育实践和教学背后的主要推动者。Astra Nova 的官网上写着"埃隆·马斯克的唯一期望是'打造一所伟大的学校'"。美国国家国税局2015 年的文件显示，马斯克每周仅在学校待一个小时，考虑到他还有很多重要工作，这样少的时间并不奇怪。然而很明显，这所学校的理念是马斯克坚定信念的直接展现。马斯克坚信，应该让教育应紧跟未来的发展，而未来在各个层面都将与过去截然不同。我们只需要看看 Astra Nova 在线教育提出的"综合五公理"，便能明白它们与马斯克实现自己目标和应对各种挑战的方式之间的关联性。

（1）接纳乱局。
（2）验证自己的假设。
（3）寻求合理的解释。
（4）预期航向修正。
（5）努力实现积极的目标。

当然，Astra Nova 在线教育只是国际教育体系中的沧海一粟。Astra Nova 并非完全原创，有关主动学习和基于项目的现实世界思维原则已经讨论和发展了多年，在不同程度上取得了成功并得到了普及。鉴于马斯克过往颠覆传统模式，扩大项目规模以产生全球影响的记录，Astra Nova 线上教育及其理念产生的影响很可能比我们当前看到的还要广泛和深远。

ELON MUSK

第六章
马斯克的思维模式

第六章 马斯克的思维模式

公众对白手起家的亿万富翁总是很好奇，比如他们的领导能力和管理能力、财务决策、投资组合，以及个人的勇气和坚韧品质。虽然埃隆·马斯克在这些方面的表现可圈可点，而且还有很多其他优点，但公众欣赏他的原因很大程度上在于对他思维方式的浓厚兴趣。油管网上有无数关于马斯克学习新知识，然后进行整合的视频和文章，外界试图借此推导出他拥有惊人智力的秘密公式。人们希望能从埃隆·马斯克这样的杰出人士身上，学习到一些成功的诀窍。

不是只有普通人觉得马斯克在智力方面出类拔萃。几乎所有与马斯克接触过的人都对他的机敏和思考深度印象深刻。例如，美国亿万富翁查利·芒格（Charlie Munger）[1]，他以敏锐的企业家精神和管理智慧而闻名。在 2014 年《每日新闻》年会的问答中，他被问及对马斯克的印象。他回答说："我认为

---

[1] 沃伦·巴菲特（Warren Buffet）创办的伯克希尔·哈撒韦集团控股公司（Berkshire Hathaway conglomerate holding company）的副主席。

埃隆·马斯克是个天才，我不会轻易用这个词。同时，我认为他是世界上最勇敢的人之一。"芒格对马斯克的印象，从侧面证实了马斯克过人的智力和创新的勇气，而这两者的结合正是推动马斯克帝国发展的动力。

显然，埃隆·马斯克并不仅仅是一位企业家。很多时候，他的投资产出的财富是附带品，是他使用智慧解决实际问题和工程问题的必然结果，而非出于用现有资金创造更多资金的目的（这是更偏向基金经理和风险资本家的领域）。从根本上讲，马斯克是位工程师。他说："我通常会介绍自己是一名工程师，因为我所做的大部分工作都是工程项目。"正如我们看到的，这句话几乎适用马斯克商业帝国的每一个角落。

深思熟虑

虽然马斯克的智慧不能用某个具体公式来衡量，但他在思维、教育、智力和解决问题方面的充分思考，向我们展示了他优化自己思维的方法。幸运的是，虽然马斯克承认智力在一定程度上是一种天赋，综合了遗传、营养、养育和其他人们难以或无法控制的因素，但我们依然可以学习和利用他的某些思维规则。

简单来说，我认为马斯克对智力的看法基于以下几点。

（1）信息的吸收和保留。
（2）思想和信息的融合。
（3）第一性原理思维。
（4）抵制认知偏见。
（5）将想法转化为行动。

就第一点而言，毫无疑问，马斯克拥有非凡的记忆力，甚至超过了经验老到的酒吧问答队成员。尽管心理学家对"过目不忘"是否真的存在争议，但马斯克似乎从很小的时候，就能够在数据和信息出现时迅速记下它们。在与万斯的讨论中，马斯克描述了自己年轻时智力发展过程中的高度视觉偏差，他还把自己的大脑比作电脑中的图形芯片。信息、问题和解决方案对他来说就是容易理解的图像，在他的脑海中能够拼凑出有意义的地图。2020年，在阿克塞尔·斯普林格奖（Axel Springer Award）的一次采访中，马斯克回答了有关自己记忆力的问题，以及自己是否真的能过目不忘。他说："在某些方面，我有过目不忘的能力。从科技层面来看，作为人类，我的记忆力非常好。但电脑的记忆力更好。"这句话中的重点是"作为人类，我的记忆力非常好"，马斯克既意识到了自己的高智力，也非常清楚人类脑力的局限性。2015年，在红迪网（Reddit）的一个帖子中，一位求知若渴的"粉丝"问马斯克:"你是如何在这么短的时间内学到这么多东西的?"在给出答案之前,马斯克坦率地表示,他并不认为自己智力过人:"我确实觉得我的脑袋快要满了!我的上下文切换❶(context switching penalty)很吃力,而且我的进程隔离性❷(process isolation)也不如以前。"马斯克在这里用计算机术语进行了比喻和自我分析。他将自己的大脑视为一个物理系统,一个具有一定性能和结构特征的自然工程产品,并探索通过心理工程来补偿系统问题的可能性,或者最终将智力外包给数字领域的强大系统,就像第五章提到的那样。

在之前引用的红迪网其余条目中,马斯克确实讲述了自己在大脑中组织和记忆信息的方法,普通公众对此十分期待。

> 坦白说,我认为大多数人能学到的东西比想象的要多得多。人们往往会因自我否定而放弃努力。
> 给大家一点建议:把知识看作一棵语义树——在

---

❶ 计算机术语,上下文指的是 CPU 运行所依赖的环境,上下文切换则指的是从一个过程切换到另一个进程。

❷ 进程隔离是操作系统内核对于资源管理和安全增强的特性,其最终目的是对于操作系统能够更好地控制程序对资源的申请和使用,并且控制这个程序可访问资源的范围,限定其异常之后能够影响的范围。

你触及叶子/细节之前，你要理解基本原理，即树干和大树枝，这也是后续学习的基础。

商业分析师和思维专家仔细研究了马斯克所说的"语义树"，它有着坚实的心理学理论和实践基础。记忆的生成有三个基本过程：①注意力——专注于需要记忆的输入信息；②编码——采用将短期记忆转化为长期记忆的信息存储方式，尤其是可通过建立新信息与现有知识和记忆联系的方式存储信息；③检索——将记忆转化为思想。马斯克关于语义树的想法以一种实用的方式，将形成记忆的三个要素全部融合在一起。

语义树本质上是一种在大脑中组织信息的方法。树的主干是正在研究的核心主题，随后的分叉和最大的底部分支是该主题的关键分支。你必须仔细理解这些信息的全部内容，然后才能添加其他内容；当成百上千条不相干的信息从你的意识中掠过时，花时间去记忆它们是毫无意义的，因为它们并没有整合到记忆关联网络中。有了主干、分叉和主要树枝的细节和概念，思考者就可以更有把握地添加更细的分支和枝丫的详细信息。

使用这种框架来阐释知识，无论是作为本能，还是作为一种有意识的记忆方法，都加强了记忆和编码的过程。因为大脑主动将所有信息放在一个关联的情景中，每一个单独的信息字节都得到了其他信息的强化。这个框架也有助于检索，因为思考者可以沿着主干路径一路向上，每个连接都是联想回忆的提示。使用这样的系统，整个记忆结构就有了牢固的根基。

当然，马斯克可能只是把语义树当作一个类比，而不是一种刻意的记忆设备，但这丝毫不影响这种原理的有效性。马斯克鼓励我们先掌握基本的思路，然后再把细节填充进这个可靠的框架中。

综合体

"马斯克思维模式"的第二部分是思想和信息的融合，指的是马斯克跨领域的思考方式，通过创新和颠覆性的使用来解决问题。在这方面，马斯克的诀窍简单且作用持久：他读了很多有用的书。"领导者是读书人"的说法由来已久，而且备受推崇，马斯克完美地展现了这一点。幼年马斯克贪婪地阅读了整个书架上的书，汲取了大量知识。直到今天，马斯克仍然在坚持阅读内容丰富、有趣又有挑战性的书籍。尽管他的阅读内容十分广泛，但他的阅读模式似乎并不是漫无目的的思维漫游。相反，阅读为他的语义树带来了更多的关联分支，反过来这又为他提供了更多的基础信息，帮他做出更加明智的决策和相关创新。

马斯克公布了一份不断更新的书单，这些书要么对他的思想产生了重要影响，要么曾是他公开推荐过的。具体书目如下所示。

(1) 艾萨克·阿西莫夫（Isaac Asimov）和罗伯特·海因莱因（Robert Heinlein）的科幻作品。

(2) 约翰·罗纳德·瑞尔·托尔金（J.R.R. Tolkien）的《指环王》(*Lord of the Rings*)，1954—1955。

(3) 弗兰克·赫伯特（Frank Herbert）的《沙丘》(*Dune*)，1965。

(4) 艾恩·兰德（Ayn Rand）的《阿特拉斯耸耸肩》(*Atlas Shrugged*)，1996。

(5) J.E.戈登（J.E. Gordon）的《结构是什么》(*Structures: Or Why Things Don't Fall Down*)，2003。

(6) 尼克·博斯特罗姆（Nick Bostrom）的《超级智能》(*Superintelligence: Paths, Dangers, Strategies*)，2014。

(7) 马克斯·泰格马克（Max Tegmark）的《生命3.0：人工智能时代的人类》(*Life 3.0: Being Human in the Age of Artificial Intelligence*)，2017。

（8）伊恩·古德费洛（Ian Goodfellow）、约书亚·本吉奥（Yoshua Bengio）与亚伦·库维尔（Aaron Courville）的《深度学习》（*Deep Learning*），2016。

（9）内奥米·奥利斯克斯（Naomi Oreskes）和埃里克·康威（Erik M. Conway）的《贩卖怀疑的商人：操弄从吸烟到全球变暖真相的幕后黑手》（*Merchants of Doubt: How a Handful of Scientists Obscured the Truth on Issues from Tobacco Smoke to Climate Change*），2010。

（10）肖恩·卡罗尔（Sean Carroll）的《大图景》（*The Big Picture: On the Origins of Life, Meaning, and the Universe Itself*），2017。

（11）山姆·哈里斯（Sam Harris）的《谎言》（*Lying*），2013。

（12）亚当·斯密（Adam Smith）的《国富论》（*The Wealth of Nations*），1776。

（13）沃尔特·艾萨克森（Walter Isaacson）的《富兰克林传》（*Benjamin Franklin: An American Life*），2004和《爱因斯坦传》（*Einstein: His Life and Universe*），2008。

（14）唐纳德·L·巴利特（Donald L. Barlett）与詹

姆斯·B·斯蒂尔（James B. Steele）的《霍华德·休斯：他的一生与疯狂》(Howard Hughes: His Life and Madness)，2004。

（15）罗伯特·K·马西（Robert K. Massie）的《通往权力之路：叶卡捷琳娜大帝》(Catherine the Great: Portrait of a Woman)，2011。

（16）理查德·布兰森（Richard Branson）的《当行善统治商业》(Screw Business as Usual: Turning Capitalism into a Force for Good)，2017。

（17）彼得·泰尔的《从零到一》(Zero to One: Notes on Startups, or How to Build the Future)，2014。

马斯克读过数百部作品，这份清单只是其中的很少一部分，但它可以让人们深入了解他所倾向的信息和思考类型，这些书可划分为特定的逻辑类别。科幻小说和奇幻小说在科技企业家的书架上很常见，对那些对未来着迷的人而言，这些小说有极大的魅力。但马斯克在非文学领域的涉猎更广阔、更自由，从哲学、科学到传记和商业管理无所不包。乍一看，这似乎是马斯克敏捷思维的重要成因，但从整体上看，马斯克的阅读习惯更多地与知识融合有关，也就是将不同的研究领域融合成一个统一的整体，所有主题相互补充。

马斯克阅读清单上的一些书显然比其他书更能体现他的人生经历。例如，2013年1月22日在计算机历史博物馆（Computer History Museum）接受艾莉森·范·迪格伦（Alison van Diggelen）采访时，他提及自己小时候读过一本特别的书，以及该书是如何为其开拓批判性哲学和逻辑思维的。

在大约12岁至15岁的时候，我遭遇了生存危机。为了弄清楚生命的意义，我读了各种各样的书。这一切似乎毫无意义，然后我们家正好有一些尼采和叔本华的书，一些不应该在14岁时读的书（一阵笑声）。读完的结果很糟糕，这些书的内容很消极。然后我读了《银河系漫游指南》，我认为这本书很积极，它强调了很重要的一点，那就是很多时候提问比回答更难。如果你能恰当地表达问题，那么答案就是相对简单的。所以，从某种程度上来说，如果我们可以更好地理解宇宙，我们就会更清楚要问什么问题。那么无论最接近"生命意义"的思索是什么，这都是我们最容易理解的问题。所以我认为，在某种程度上扩展思想和知识的广度是一件好事。

马斯克不是第一个受到《银河系漫游指南》影响的科技

企业家。然而，他关于问题重要性的观点似乎仍然与他的思维方式有关。我们提出的问题，尤其是我们提问的逻辑，是产生想法的引擎和前进的动力。对于马斯克来说，书本中的想法并不会被束之高阁——他会把书面的概念、事实、信念和数据等在现实中激活，最终证明，这些信息会牢牢地保存在他的记忆里。最重要的是，他的阅读很扎实。我们可以在一些直观的例子中看到这一点。例如，在 SpaceX 的概念阶段，吉姆·坎特雷尔借了几本重要教科书给马斯克，分别是《火箭推进原理》（*Rocket Propulsion Elements*，2010）、《燃气涡轮和火箭推进的空气热力学》（*Aerothermodynamics of Gas Turbine and Rocket Propulsion*，1996）、《太空动力学原理》（*Fundamentals of Astrodynamics*，1971）和《太空发射系统国际参考指南》（*International Reference Guide to Space Launch Systems*，2004）。坎特雷尔曾公开表示，他对马斯克将这些标题中的信息牢记于心的方式感到惊讶，马斯克能够逐字逐句地讲述冗长的段落。所以，马斯克真的自学了火箭科学。

但坎特雷尔也解释说，虽然马斯克拥有强大的学习知识的能力，但他并没有高估自己掌握任何特定学科的能力。他指出，马斯克同样重视专家，他会花时间与相关领域的杰出代表交流或聘用他们。坎特雷尔观察到，当马斯克和专家在一起交流时，他会十分专注："就好像他会从他们身上吸取经验一样。他真的在认真倾听别人的意见。"

马斯克能够将注意力全部投注在正在学习的东西或正在交谈的人身上，这对他的迅速学习能力至关重要。高度集中的注意力锁定了记忆形成的前两个要素——编码和存储，也为最后的检索阶段奠定了坚实的基础。对马斯克来说，语义树是通过将分支有目的地集中成一个主干来生长的。在接受美国有线电视新闻网（CNN）采访时，马斯克回顾了艾萨克森的本杰明·富兰克林（Benjamin Franklin）传记对自己的一些启发，他若有所思地说："就富兰克林而言，我认为他在需要做事情的时候做了需要做的事。所以，在不同的领域，他会去想现在需要完成的最重要的事情是什么，然后便开始为之努力。"富兰克林和马斯克一样，是一位名副其实的博学家——他是作家、印刷商和出版商、政治哲学家、科学家和发明家、政治家和外交家、美国国父之一❶、美国第一任邮政署长、美国第一任驻法国大使和宾夕法尼亚州的州长。但马斯克也认识到，掌握知识与利用这些知识完成一些事情之间有着天壤之别。为了实现这一转变，人们需要将大脑中的知识和技能集中到有明确目标的事业中。

马斯克天生就是一个颠覆者。在果壳问答网站（Quora）

---

❶ 著名的《独立宣言》（*Declaration of Independence*）的起草人和签署人。

上，有人问了坎特雷尔一个挑衅性的问题："埃隆·马斯克是一个有远见的人，还是一个疯子？"他从问题外的角度回答这个问题。

> 在我看来，他既不是疯子，也不是有远见的人——他是个无赖。他有一些非常宏伟的愿景："让人类成为一个多星球物种"和"让人类摆脱对化石燃料的依赖"，他为此投入了大量的精力、时间和资源。马斯克非常聪明，有着近乎取之不尽的能量和令人难以置信的求知欲。他真的是一个无赖，因为他的行为超出了正常的思维模式和行为模式。跟许多在不同阶段加入他冒险历程的人一样，他只是在人生的某个时刻意识到，根本的变革不可能在体制内发生，而必须在体制外发生。我们中的一些人甚至认为，更大的经济体系和社会规模实际上阻碍了进步，你必须置身事外，才能真正让事情变得更好。

在这里，坎特雷尔令人信服地阐述了他对马斯克"无赖"性格的解读。可能看起来像是不受现实束缚的人的自负野心，但实际上却是一个挑战传统思维、试图"彻底变革"的人的超实用主义野心。这种看待生命的角度无疑也是马斯克心智能力的一个关键要素。通过跳出标准模式，记忆和创新都得到了加强，这种行为加强了思维的自主性，而不是简单地在老生常谈的道路上重蹈覆辙。

第一性原理

这将我们引向了马斯克思维方式的另一个基础，他将其称为从"第一性原理"推理。在这里，马斯克鼓励我们将自己从从众心理中解放出来，不要再随波逐流，而是回到整个讨论的基础上，然后在此基础上进行创新和解决问题。在许多方面，它又是语义树理论的反映，思考者在构建枝叶交错的复杂上层建筑之前，要先打下根基，培育出健壮的基础树干。然而重要的是，思考者要在彻底地思考问题之前抛弃许多现有知识的束缚。

马斯克在接受 Innominds 公司的凯文·罗斯（Kevin Rose）采访时，解释了第一性原理的思维模式。

> 我认为相较于类比推理，从第一性原理推理也很重要。我们生活的正常方式是通过类比来推理。我们这样做是因为它就像别人做过的事情，或者像别人正在做的事情。这就像一个主题的迭代。用类比来推理

比用第一性原理推理更容易。第一性原理是一种观察世界的物理原则，它的本质是，把事情归结为最基本的事实。我们说："我们确定什么是真的，或者尽可能确定什么是真的。"接着再从那往上推理。这需要进行更多的脑力劳动。

这篇文章中最有趣的可能是结论，该结论认为第一性原理思维花费的脑力少于类比推理。文章没有具体解释为什么它能够减少脑力劳动，但我猜测可能是因为，第一性原理将大脑从苦苦思索中解放了出来，使其转向对他人知识和信息的整合。另一可能原因是，第一性原理推理更能调动积极性，更有激励性，反过来也可提升精神耐力。

在 2021 年 12 月莱克斯·弗里德曼的一次重要采访中，马斯克进一步深入地阐释了第一性原理思维。他明确地将其与物理学联系了起来，指出"物理学是定律，而其他一切都是建议"。任何人都可以违反法律，但没有人能打破物理学定律。他解释说，第一性原理思维可以应用于各种各样的生活问题，而不仅仅是科学问题，但前提是你清楚了解基本的现实情况，因为"我们相信的事情是真的"，然后在这个基础上进行后续思考，"建立自己的公理基础"。此后得出的任何结论都必须与已经建立的基础进行互相验证。

在前面提到的凯文·罗斯采访中,马斯克举了一个例子来证明这种批判性思维方法的效用。他特别关注电池技术。他认为在人们的传统观念里,电池组既笨重又昂贵,每千瓦时电力的生产成本约为 600 美元。这就是电池过去的样子,因此也是它们未来的样子。马斯克认为这种想法"相当愚蠢",这种推理方式永远不会让车轮转向新的方向。相反,他主张用一系列简单而直接的问题回归第一性原理。

电池的材料成分是什么?这些成分现在的市场价值是多少?你可能会说,是钴、镍、铝、碳和一些用于分离的聚合物,还有一个钢罐。所以把电池分解为基本材料,然后再想想,如果我们从金属交易所采购这些东西,每个东西的价格是多少?哦,天啊,每千瓦时电力的成本大约为 80 美元。所以很明显,你只需要找到出明智的方法,把这些材料组合成电池的形状,你就可以拥有超出所有人想象的便宜电池。

回到弗里德曼的采访,我们会发现马斯克在将问题分解为基本概念的策略上,增加了一些细微的差别。他解释"在极限情况下考虑事情也是一种很好的物理学工具"。在这种方法中,马斯克谈到,当把问题缩减到一个非常小的数量级或扩展到一个非常大的数量级时，就能看到问题本质是如何变化的。例如，在制造业中，生产单位是个位数，还是百万级成本模型会发生根本性的变化。无论向哪个方向扩展，都可以揭示出达到所需时间和成本效率需要做的事情。

认知偏差

根据前员工的描述，被马斯克质询的压力令人坐立难安。在任何问题上，无论是工程题还是财务管理，马斯克都会通过无情而细致的提问，深入问题的核心，直到他感到满意为止，因为他已经有了清晰的目标或解决方案。含混不清或有漏洞的想法会让他大发雷霆，特别是在涉及项目效率和实现重要问题时。很明显，马斯克的质问并没有考虑那些面临逻辑轰炸的人的感受。重要的是答案。曾在美军任职的瑞安·波普尔（Ryan Popple）被任命为特斯拉财务总监，他曾提及，在 21 世纪最初 10 年末期的动荡时期马斯克带给公司的压迫感："一旦落后，就会付出巨大的代价。每个人都能看出来这点，如果无法达到要求，就会丢了工作。埃隆·马斯克的大脑像计算机一样。如果你在投影仪上放一个没有意义的数字，他很快就会发现。他不会遗漏任何细节。"然而，员工们也指出，如果面对马斯克的问询，员工仍然坚持自己的观点，并以相关细节和有价值的新信息进行佐证，那么马斯克可能真的会改变自己的想法——对马斯克来说，重要的是答案，而不是自负。他说过，获得批评性反馈至关重要，"尤其是从朋友那里"，因为后者有望基于你的最大利益给出他们的真实建议。

马斯克坚定不移地奉行汲取员工最佳想法的理念，他在 2021 年 12 月 19 日发布的推文便体现了这一点，推文内容简练有力："所有年轻人都应当知道。"在这句话后，他又附上了一张由 TitleMax 制作的图表，标题为《每个人都要了解的 50 种认知偏差，这样你才能成为最好的自己》（50 Cognitive Biases to be Aware of so You Can be the Very Best Version of You）。图表列出了 50 种基本思维错误，每一个都附带简短的例子。这些错误包括："自利偏差"（Self-Serving Bias），即我们把成功归功于自己，而把失败归咎于其他原因；"知识诅咒"（Curse of Knowledge），我们总是默认每个人都能理解我们所做的事；"谷歌效应"（Google Effect），又称数码失忆（Digital Amnesia），我们很快就会忘记在网上查过的信息；"权威偏见"（Authority Bias），即我们会受到权威人物的过度影响，而忽视对其理论的检验；还有"盲点偏见"（Blind Spot Bias），即我们认为偏见只针对其他人，不针对自己。

这张表单是非常值得花时间研究的，因为它揭示了我们内心深处真理与错误之间的角逐，许多根深蒂固的偏见会引导我们走向后者。在接受莱克斯·弗里德曼采访时，就我们大脑中运行的操作系统，马斯克分享了一个更加系统而微妙的观点。

> 我们的思维目前在两个层面上运作。一个是边缘系统，就像原始大脑皮层，所有的神经冲动都来自那里。……我们的大脑，就像一只猴子的大脑，上面黏着一台电脑。这就是人类的大脑。我们的很多神经冲动和所有行为都是由猴子的大脑驱动的。大脑皮层的电脑部分则一直在努力让猴子的大脑开心。并不是大脑皮层控制着猴子的大脑，而是猴子的大脑控制着大脑皮层。……当然，按道理说，真正聪明的东西应该控制愚蠢的东西，但实际上的情况是，愚蠢的东西控制了聪明的东西。

对话继续延伸至马斯克有关智能开发的"第三层"思考，即前一章讨论的数字超级智能。然而很明显，马斯克并不认为人类是纯粹理性的生物，他坚持生物潜力论。"人类天生就倾向于一厢情愿地进行思考"，他说。

虽然马斯克从未声称自己已经摆脱了认知偏见或边缘系

统，但他却一再表现出与众不同的思维模式。他曾在采访中说，他对物理的研究在提升思维敏锐度方面非常有帮助，因为物理需要学生回归前面概述的第一性原理，严格遵循科学框架，直到思考者无限接近真理。这个框架甚至适用于思考最违反直觉的物理学元素，这种方法可以从本质上平衡你对某些问题的本能认知偏见。

马斯克还提倡全面培养良好的批判性思维过程。"总的来说，批判性思维非常实用。批判性思维可以帮你检查自己的原理是否正确，或是否是最合适的。逻辑上一定有联系吗？可能会出现哪些结果？结果通常不是确定的，但会有一个范围。所以你要算出这些概率是多少，以确保理想情况下你就是庄家。只要你是庄家，赌一把也是可以的。"最后这句话简明扼要地概括了马斯克职业生涯的大部分内容，他的职业生涯一路赌博不断，其大胆程度足以让我们大多数人心脏病发作。从本质上讲，合理的方式是成为庄家，即"大脑皮层的计算机"，一个可以降低，但永远不会消除轮盘赌风险的控制点，同时也可保护自我不受原始驱动力和冲动的影响，这些驱动力和冲动可能会导致我们无法以最大化利益的方式行事。

马斯克似乎也将自己的批判性思维模式应用到了招聘过程中，马斯克和他的公司都偏好招聘有些特立独行的超高智商人群。他们还嘉奖那些有实际能力和年轻的充满活力的人，这些人能把事情做好，没有大公司结构所衍生的懒散，也掌握了层次更分明、记录更完善的工作方法。马斯克在招聘和面试过程中强调一个因素，即有证据表明应聘者有能力：①用创造力和创新解决问题；②能把事情做好。2020年11月6日，马斯克在推特上对他的"Muskateers"说："在发送简历时，请描述几个对你而言很难解决的问题，以及你是如何解决的。"这一要求看似简单，但背后隐藏着复杂的道理。它绕过了对资历的关注，重新定义了对过程和成就的思考。它还颠覆了简历上经常出现的自我肯定模块。对马斯克来说，你的自我评价并不重要，重要的是你怎么想，你能做什么。"严谨地进行自我分析"是马斯克的另一条至理名言。

崇尚行动

当然，这个世界上有很多学术天赋出类拔萃的人，但他们的成就还不及埃隆·马斯克50多年来在这个星球所得成就的1%。在一次采访中，有人直接问马斯克，他与其他杰出工程师或非常能干的管理者有什么差别，使他们在成就的质量和数量上有如此巨大的差异。这个问题让马斯克略显尴尬和犹豫，似乎这个问题与他看待世界的方式并没有什么联系。但当马斯克缓缓道来时，我们发现他的答案极具启发性，还带着一丝幽默和现实主义。

> 首先，我当然不认为自己有能力做任何事情，或者我能做大多数人认为不可能的事情——实际上，很多人认为不可能的事情就是不可能的。但有时情况并非如此。……真正相信你正在做的事情，但不只是盲目自信，而是真正地思考过，然后说"好吧，这是可行的，我确信这是可行的"。我尝试从各种角度来弄清楚这是不是可行，并寻求负面反馈来判断自己是否错了。但最终证明，这似乎仍然是正确的道路。我认为这传递了一个基本信念，并能够让你将这种信念传达给他人。

马斯克此处的开场白反驳了西方企业自救中乐观的"相信自己可以实现不可能"的信条。马斯克认为，人类天生就倾向一厢情愿地思考，仅仅相信自己能做某事并不现实。马斯克在这里提到，更重要的是拥有一个真正令人信服的想法，它会从各个层面激励你，包括认知层面。这正是许多励志演讲中经常缺失的智能部分。经得起严格测试和分析，且在压力测试后仍有潜力和价值的好想法，才能激起马斯克的动力。当然，这并不能完全消除风险，而马斯克也承认自己对风险有"较高的容忍度",但在许多方面,他的成就与他经过逻辑思考的想法完全匹配。

从这个角度来看,马斯克传奇般的超人工作时间或许就变得更容易理解了。他的想法为自己提供了能量和动力。在那之后,事情就变得更明确了:"坚定自身,然后拼命工作,我的意思是你每周都要工作 80 到 100 个小时。"马斯克无疑拥有无与伦比的"勇气"。万斯引用了 Valor Equity 创始人兼首席执行官安东尼奥·格拉西亚斯(Antonio Gracias)的话,他见证了 2008 年在极端压力下的马斯克的管理模式。

格拉西亚斯解释说,在他看来,马斯克 2008 年的经历"会击垮任何人"。然而,马斯克凭借全身心的投入,达到了一种"超理性"的状态。这一状态使他在持续的重压之下,仍然拥有出色的长期决策能力,这给格拉西亚斯留下了深刻的印象。在格拉西亚斯看来,这种品质是马斯克与公司内部许多其他高管,以及公司外部的许多其他竞争对手的真正区别。他能承受别人无法承受的精神痛苦和不适,格拉西亚斯指出,马斯克的认知能力似乎与施加在他身上的压力成反比——"压力越大,他的收获越多"。

这样的品质在任何领域都是罕见的。马斯克之所以能够做到这一点,唯一可能的原因就是他变得"超级理性"。毫无疑问,要想在压力环境下取得成功,你必须面对最大的敌人:

恐慌。马斯克可能只是明白了这个事实，并意识到逻辑和实践是克服恐慌最好的方式。

长时间工作等同于高生产率的观点，近年来一直受到专门研究工作场所实践的主要经济学家和学者的质疑。例如，斯坦福大学和劳工研究所（IZA）的经济学教授约翰·彭卡韦尔（John Pencavel）在 2014 年进行的一项生产率研究中发现，每周工作 50 小时后，每小时的生产率会显著下降，而超过 55 小时后，生产率会大幅度下降，此后任何额外的工作时间都几乎不会再增加每周的产出。不过这项研究针对的是体力劳动者。同样的，波士顿大学凯斯特罗姆商学院（Boston University's Questrom School of Business）的教授艾琳·里德（Erin Reid）在对顾问公司进行的一项研究中发现，高级管理层通常无法分辨哪些顾问每周工作了 80 小时，哪些顾问只是假装工作了 80 小时。

然而，就马斯克而言，他似乎确实有一种提升生产率的能力，可以让自己以正常的生产率工作更长的时间。他不仅在星云管理挑战中证明了这一点，这种管理不需要过度密集地工作就会消耗掉大量时间，他还在艰苦的工程工作中证明了这一点，比如通宵编写软件代码，或者为了完成工作在 SpaceX 的车间连续工作几天。当然，马斯克有时似乎并不怎么能理解那些渴望在工作和家庭生活之间取得平衡的人。例如，特斯拉的一名员工告诉万斯，马斯克斥责他在孩子出生时请假。据说，马斯克在一封电子邮件中说："我们正在改变世界和历史，你要么全身心投入，要么退出"❶。

卓越的功能性智能、已验证想法带来的强大动力、极高的风险容忍度和坚忍不拔工作能力，都是马斯克成功背后的重要特征。然而，最近有迹象表明，马斯克可能会因为年龄的原因而做出一些让步。2018年8月，马斯克接受了《纽约时报》的采访，在采访中他似乎承认了在公司管理方面的一些倦怠。他回想起自2001年以来从未休过超过一周的假，最近更是每周工作120小时。有时他会在工厂里待上三四天，从不出门。在他47岁生日那天晚上，他连续工作了24小时，这影响了他的睡眠，他不得不服用安眠药才能入睡。采访发表后的第二天，特斯拉股价下跌了8%。

虽然有些人可能会说马斯克承认这点预示着他在放慢脚步，但我认为其含义并非如此。据我所知，马斯克虽然认可自己某些方面的出色能力，但从未声称自己是超人。事实上，马斯克非常清楚每个人系统中的"缺陷"。对马斯克来说，无论逻辑本身以何种形式呈现，最重要的始终是遵循逻辑。

---

❶ 万斯在脚注中说明，他本人并没有看到这封电子邮件。

ELON MUSK 尾声

　　埃隆·马斯克是一个充满争议的人物，这一点毋庸置疑。在马斯克的各个人生阶段，他的个人生活和他的商业成就一样，都是很多专栏争相报道的重要内容。他私生活的点点滴滴都是人们茶余饭后的谈论话题。他与妲露拉·赖利于2012年离婚，2013年再婚，然后又于2016年离婚。2017年，他开始与好莱坞女演员艾梅柏·希尔德（Amber Heard）约会。这段关系后来因为希尔德与演员约翰尼·德普（Johnny Depp）糟糕的婚姻而备受媒体关注，德普在法庭诉讼中指控希尔德在婚姻存续期间与和马斯克有婚外情，希尔德断然否认了这一指控。2018年，马斯克开始与加拿大音乐家格莱姆斯（Grimes）约会，两人于2020年5月生下了一个儿子，取名为"X AE a – xii"（由马斯克和格莱姆斯的采访可知，名字发音为"Ex Ash a Twelve"或"Ex Ay Eye"）。他们还有一个女儿艾克萨·达克·锡德尔·马斯克（Exa Dark Sideræl Musk），于2021年12月出生。这对情侣随后和平分手。2021年春天，也有媒体报道，马斯克在2021年与神经链接公司的高管希冯·齐里斯（Shivon Zilis）生了一对双胞胎。

媒体总是过分关注名人的私人关系。马斯克还为他们提供了其他可供八卦的信息。从传统思维来看，他是众人眼里的怪人。他还出演过银幕上的小角色，比如电影《钢铁侠2》

随着马斯克财富的增长和事业的成功，媒体对他的个人生活，尤其是他的恋爱关系越来越感兴趣。此图摄于2018年纽约大都会艺术博物馆（Metropolitan Museum of Art in New York）举行的大都会艺术博物馆慈善晚宴（Met Gala），马斯克同音乐家、歌手、词曲作者兼唱片制作人格莱姆斯一起出席了该晚宴

（*Iron Man 2*，2010）、《为什么是他？》（*Why Him?*，2016）和《黑衣人：全球追缉》（*Men in Black: International*，2019）以及几部电视剧，比如《辛普森一家》（*The Simpsons*）、《生活大爆炸》（*The Big Bang Theory*）、《南方公园》（*South Park*），以及更严肃的网飞（Netflix）纪录片《重返太空》（*Return to Space*）。马斯克甚至还主持了《周六夜现场》（*Saturday Night Live*）2021年的母亲节节目，他的母亲也在节目中亮相。她最有名的台词是："我很期待母亲节的礼物，别是狗狗币就好。"此外，马斯克还自己创作、发行和演唱了两首音乐歌曲，一首是说唱音乐《安息吧！哈兰贝》（*RIP Harambe*），另一首是电子舞曲《不要怀疑你的气质》（*Don't Doubt Ur Vibe*）。

另一次引人注目的表演尝试——埃隆·马斯克在热门网络剧《生活大爆炸》的2015年11月的《柏拉图式置换》（The Platonic Permutation）一集中扮演自己

2020年新冠病毒已在全球传播，形成了疫情，使世界陷入了第二次世界大战以来最严重的社会危机。在法律强制要求下，整个美国都进入了不同程度的封锁状态。在大量新冠病例的重压下，医院濒临崩溃。制药公司以闻所未闻的速度竞相开发新疫苗，并取得了成功。在文化方面，人们就如何正确对待这种疾病展开了激烈的辩论。事实上，对于这种病毒的威胁性，以及所选应对措施是否适当，人们也存在分歧。

真正彰显埃隆·马斯克名人地位的是他在2021年5月8日主持的《周六夜现场》。他出演了几部小品。此图为小品《火星上的乍得》的参演者，分别是马斯克、（从左到右，不包括马斯克）麦基·戴（Mikey Day）、克里斯·里德（Chris Redd）和梅丽莎·维亚西诺尔（Melissa Villaseñor）

尾声

　　2020年9月，埃隆·马斯克出现在乔·罗根的播客上。罗根很擅长让来宾放松下来，并让其在长时间的访谈中表达他们原本可能不会表达的观点，这无疑提升了观众对这次会面的期待。这次采访自然也没有让人失望，推荐那些有兴趣全面了解马斯克，或时不时会深入关注马斯克个性，以及他对生活和工作看法的人收看或收听。博客中的马斯克吸了一口雪茄，罗根称这支雪茄含有大麻，这一行为貌似让特斯拉的股价在第二天下跌了几个点。在随后的《60分钟》采访中，马斯克断然否认了自己吸大麻的传闻。

　　当时疫情正处于最严重的阶段，当罗根询问马斯克对新冠疫情封锁政策的看法时，有趣的一幕出现了。他问马斯克他是支持应该允许人们外出工作的观点，还是支持应该继续封锁的观点。马斯克的回答为这本传记的结束迈出了有力的第一步。

　　　　我的观点是，如果有人想待在家里，那他们就该待在家里；如果有人不想待在家里，也不应该强迫他们待在家里。这是我的观点。……显然，这种你只要给每个人发支票就没问题的想法是不正确的。有些人有这种荒谬的观点，认为经济就像某种神奇的丰饶之角，就像它会制造东西一样。世上有个神奇的丰饶之角，商品和服务就是来自这个神奇的丰饶之角，然后如果有人拥有更多的东西，那么另一个人就会说："他们只是从这个神奇的丰饶之角中拿走了更多东西。"现在让我告诉外面的傻瓜们："如果你不制造东西，那就没有东西可用。我们已经脱离了现实。你不能仅仅通过立法来解决这些问题。如果你不制造东西，那就没有东西可用。"

我们可以从这段对话中提炼出两点，这两点既彼此独立又相互联系。首先，马斯克对封锁的看法无疑是在已经熊熊燃烧的大火上浇油。马斯克对新冠疫情的立场饱受争论。例如，2021年3月13日，《福布斯》杂志发表了一篇文章，题为《埃隆·马斯克对冠状病毒病的错误预测：时间轴》（Elon Musk's False Covid Predictions: A Timeline）。马斯克2020年3月6日发布的推文便是众多示例中的一个，马斯克在推文中说，"对冠状病毒的恐慌很愚蠢"；他在另一条推文中预测，到2020年4月底"新增病例数量将降为零"；此外，还有一个公告可作为示例，2020年5月11日发布的公告称："特斯拉违反阿拉米达县（Alameda County）的规定，今天开始复工。我会和其他人站在同一战线上。如果有人因此被捕，我只求那个人是我。"他还对疫苗的安全性提出了一些质疑。本书不涉及马斯克对新冠病毒观点对错的争论。然而，从他的采访中，我们或许可以了解到马斯克为什么会本能地抵制封锁和公众的反应。很简单，我们必须制造东西。马斯克本质上是一个现实主义者，再多的一厢情愿也无法摆脱生产和消费的现实，以及它们对社会繁荣和发展的必要性。纵观马斯克的投资组合，会发现他非常注重实业——宇宙飞船、汽车、镗孔机、电池。他的风险阈值也很高。2021年4月，他在推特上写道："坦白说，我支持大多数疫苗，特别是冠状病毒病疫苗。科学容不下模棱两可。"但他在2021年12月的《时代》年度人物文章中扩大了讨论范围，针对那些选择不接种疫苗的人，他发表了自己的看法："你是在冒险，但人们总是在做冒险的事情。我认为我们必须警惕美国自由主义的侵蚀。"对马斯克来说，在一个健康的社会中，拥有追求个人目标的社会和政治自由至关重要，他对限制自由的任何理由都持谨慎的态度。

马斯克最大的争议可能是在2018年7—8月发生的那件事，当时他与生活在泰国的英国潜水员弗农·昂斯沃思（Vernon Unsworth）发生了口角，后者从泰国北部清莱省（Chiang Rai Province）的睡美人洞（Tham Luang Nang Non）中救出了12名男孩，这一行动得到了全球的关注。昂斯沃思批判了马斯克和钻洞公司（the Boring Company）开发迷你救援潜艇的宣传，称这只是一个"噱头"，随后马斯克进行了反击。其中最具杀伤力的是马斯克嘲讽昂斯沃思是个"恋童癖"，接着又说："他没有起诉我，你不觉得奇怪吗？"2019年12月事件升级，昂斯沃思以诽谤罪起诉了马斯克，要求赔偿1.9亿美元。虽然法院认定马斯克不用承担损害赔偿责任，但他需要为自己的言论道歉。马斯克解释说，他的一些嘲讽只是引用了童年的南非脏话。

总而言之，一部分人关于马斯克的争论在于他可能是一个颠覆者。但我要回到本书的前言，以及《时代》杂志将马斯克定为年度人物的考量。不管你怎么看马斯克，他一生中所取得的巨大成就是毋庸置疑的。在《周六夜现场》节目中，马斯克透露自己患有阿斯伯格综合征（更正确的说法是自闭症谱系障碍）。在我们评价他的生活和工作时，需要将这种情况考虑在内，包括他的思想如何运作，以及他为了取得成就所必须进行的谈判。在这本传记中，马斯克是一个始终遵循逻辑、敢于冒险和目标坚定的人。他在不断地获取知识，努力实现目标。从目前的情况来看，马斯克所取得的成就可能仍然会在很大程度上影响着我们的未来。